MARCO POLO

WOHIN

GEHT DIE REISE?

DER MARCO POLO TRENDGUIDE

2024

**NOCH
UNENTDECKT**

**NEUER
GLANZ**

**2024
ERLEBEN**

**NACH
HALTIG**

15

x
DEUTSCHLAND, ÖSTERREICH UND DIE SCHWEIZ

2024
ERLEBEN

Das steht 2024 an: Openings, Events, Partys … Sei einfach zur richtigen Zeit am richtigen Ort – etwa in Europas Kulturhauptstädten Bodø, Tartu und Bad Ischl oder am Saimaa, European Region of Gastronomy 2024.

NACH
HALTIG

Nachhaltig reisen: Wir zeigen dir, wo und wie das 2024 möglich ist. Wie wär's mit einer Kanutour in der Uckermark? Oder du folgst dem Lech von seiner Quelle in Vorarlberg bis zum Wasserfall im Ällgäu?

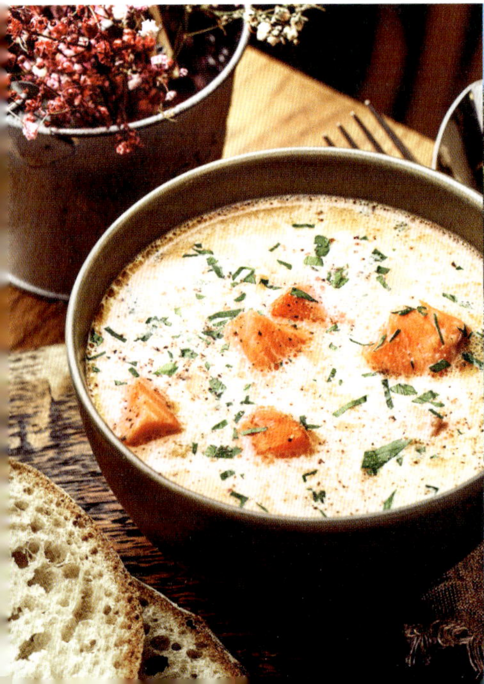

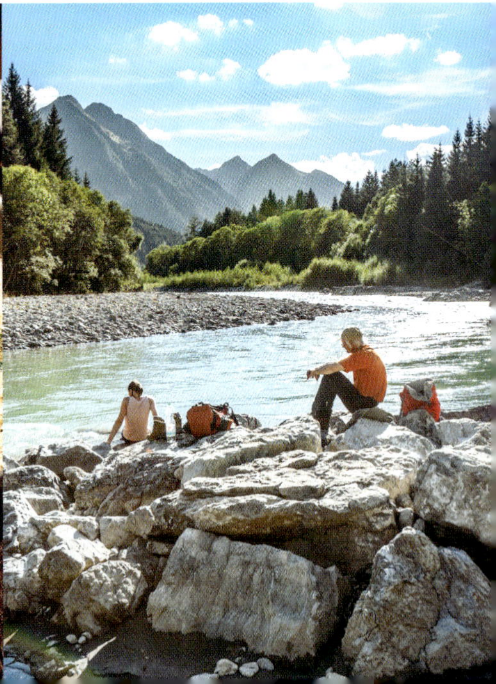

UNSERE KRITERIEN

NOCH UNENTDECKT

Diese Ziele hat bisher kaum jemand auf dem Schirm! Wir verraten dir, wohin du 2024 reisen solltest, bevor alle kommen. Auf die rauen Scilly-Inseln zum Beispiel oder in den tierreichen Regenwald Surinames.

NEUER GLANZ

Hier gibt's etwas Neues, wird neu gedacht oder sich sogar neu erfunden. Da war ich schon, ist nicht mehr. Wirf einen frischen Blick auf Klassiker und Dauerbrenner wie Bordeaux, das mit neuen Must-sees überrascht.

„Alles was rar wird, gewinnt an Wert: Ursprünglichkeit, Entschleunigung und Abenteuer."

Prof. Peter Wippermann,
Trendforscher und Jury-Mitglied

Wo soll es 2024 hingehen? Zieht es dich eher in die Natur, oder möchtest du mal wieder Stadtluft schnuppern? Willst du das eigene Land erkunden, oder musst du raus – nach Europa oder in die Welt? Egal, es gibt von allem und für jede:n etwas.

40 Ziele haben wir, das Team von MARCO POLO, für dich ausgesucht. 40 Ziele, die neu auf der touristischen Landkarte sind, die 2024 mit einem besonderen Event aufwarten, die mit ganz neuen Angeboten überraschen oder die in puncto Nachhaltigkeit die Nase vorn haben.

Wir wollen dir Inspirationen liefern, wie du die Welt entdecken kannst und mit vielen spannenden Eindrücken im Gepäck wieder nach Hause kommst – und dabei einen möglichst kleinen CO_2-Fußabdruck hinterlässt.

Allen Zielen gemeinsam ist: 2024 lohnt es sich besonders, dorthin zu reisen. Schau selbst, was am besten zu dir passt! Ein grandioses Reisejahr wünscht dir

Deine MARCO POLO Redaktion

15
X
EUROPA

10
x
WELTWEIT

15

X

DEUTSCHLAND, ÖSTERREICH UND DIE SCHWEIZ

RÜGEN **3**

INSEL POEL **15**

UCKERMARK **8**

GEOPARK
RUHRGEBIET **6**

OBERLAUSITZ **10** 20|24!

DARMSTADT **14**

FICHTELGEBIRGE **1**

STUTTGART **5** 20|24!

SPITZINGSEE
GRÜNER
WINTERSPORT **9**

2 20|24! BAD ISCHL UND
SALZKAMMERGUT

4

BIEL **11**

7

12 LECHWEG

KLOPEINER SEE
13

TELL-TRAIL

Einzigartiger Anblick auf 885 m Höhe: Ein gigantisches Meer aus Granitblöcken bedeckt den Gipfel der Platte im Schneeberg-Massiv.

Es gehört zu den höchsten Mittelgebirgen Deutschlands: Mit seinen schroffen Fels- türmen und weiten Wäldern ist das Fichtel- gebirge ein Tummelplatz für Outdoorfans – aber nicht nur!

FICHTELGEBIRGE

1

Klar, Rübezahl lebt im Riesen- gebirge. Und die Holzfraala? Die kleinen Waldgeister wu- seln der Sage nach im Fichtelgebirge durchs Moos. Der wenig bekannte Naturpark ist ein echter Geheimtipp für alle, die gern umweltschonend Urlaub machen, denn du kommst zu den besten Ausflugszielen auch mit Bus und Bahn. Von Anfang Mai bis Ende Oktober bringt am Wochen- ende ein Fahrradbus Biker bequem auf die Höhen. Wer gern zu Fuß unter- wegs ist, freut sich über das 3600 km lange Netz markierter Wanderwege. Wilde Berge und ausgedehnte Moor- gebiete wechseln sich mit weiten Wäldern ab. Manche meinen sogar, sie seien bis nach Kanada gestiefelt, wenn sie auf das Nadelbaummeer blicken! Der größere Teil des Fichtel- gebirges liegt in Nordbayern, ein klei- nerer im Nordwesten Tschechiens. Schön ist es hier zu jeder Jahreszeit: Im Sommer kannst du prima in Seen baden, im Winter auf Pisten und Loi- pen gleiten. In den charmanten Städ- ten findest du außerdem spannende Museen und schöne Hotels. Ein Muss, nicht nur für Wagner-Fans: das barocke Residenzstädtchen Bayreuth mit dem Markgräflichen Opernhaus, einem Unesco-Welterbe. Übrigens: Zwar wiegen sich im Fichtelgebirge viele Fichten im Wind, aber der Name leitet sich wohl vom Bergbau ab. „Vythenberg" hieß vor 700 Jah- ren die Erhebung, an der sich das Bergwerk St. Veit befand. Daraus wurde später das Wort „Vichtel" oder „Fichtel", das dann das ge- samte Gebiet bezeichnete.

to do

1 Downhill mal anders
Schlitten fahren ohne Schnee? Die Allwetterrodelbahn Alpine Coaster sorgt auf über 1000 geschwungenen Metern für Fahrspaß. Von der Talstation Nord in Bischofsgrün geht's mit der Seilbahn hoch auf den Ochsenkopf – und dann mit bis zu 40 Sachen wieder runter.

2 Mit leichtem Gepäck
Buche über die Tourismuszentrale Fichtelgebirge eine Tour auf dem Höhenweg mit Gepäcktransfer. In vier (mittelschweren) Etappen geht es von Wunsiedel bis Schwarzenbach an der Saale. Eines der vielen Highlights: die Luisenburg, Europas größtes Felsenlabyrinth.

3 Im Revier der wilden Tiere
Wildschweinen möchte man lieber nicht hinter der nächsten Fichte begegnen. Völlig gefahrlos klappt ein Tête-à-Tête in Mehlmeisel. Im dortigen Wildpark spazierst du über einen 3 m hohen Steg durch die Freigehege von Wildschweinen und Luchsen.

to see

4 Kräuterdorf Nagel
Drei wunderschöne Gärten laden hier zu entspannten Spaziergängen ein. Der Duft- und Schmetterlingsgarten liegt direkt an einem Badesee. **INSIDER TIPP** Wildpflanzenfeeling gibt's bei Koch- oder Kosmetikworkshops.

5 Comicmuseum
Seufz! Glucks! Nimm ein Talerbad in Onkel Dagoberts Geldspeicher – im Comicmuseum in Schwarzenbach an der Saale. Entenhausen erlebst du in der interaktiven Dauerausstellung hautnah, und du erfährst Spannendes über Erika Fuchs, die langjährige Übersetzerin des Micky-Maus-Magazins.

6 Zwölfgipfelblick
Am Ortsausgang von Röslau Richtung Dürnberg liegt der geografische Mittelpunkt des Fichtelgebirges. Von hier aus hast du einen gigantischen Zwölfgipfelblick: Du siehst die steinerne Hufeisenrunde mit so wohltönenden Namen wie Schneeberg, Ochsenkopf oder Hohe Matze.

• • • **FICHTELGEBIRGE** • • • • • • • • • • • •

Bundesland: Bayern
Anreise: Regionale Bahnhöfe mit guter Anbindung sind Bayreuth, Hof und Marktredwitz.
Vor Ort unterwegs: Der öffentliche Nahverkehr ist gut ausgebaut. Aktuelle Fahrpläne findest du unter www.vgn.de oder www.bayern-fahrplan.de/de.
Mehr Infos: www.fichtelgebirge.bayern

€€€

| JAN | JUL |
| FEB | AUG |
| MÄR | SEP | €€
APR	OKT
MAI	NOV
JUN	DEZ

€

BESTE BUDGET
REISEZEIT SKALA

Alle Mann – und Frauen! – an die Ruder! Oder rauf aufs SUP, denn auch damit kannst du über den Fichtelsee paddeln. Und baden? Im Sommer gern!

Ein echter Geheimtipp für alle, die gern umweltschonend Urlaub machen

Treppauf, treppab geht's durch die Burgruine Waldstein bei Zell. Ihre alten Mauern sind ein spannendes Ausflugsziel im Sparnecker Forst.

Sommerlicher
Treffpunkt für
Kaiser und Könige:
Kuren in Bad Ischl
waren ab den
1820er-Jahren
gesellschaftlich
absolut angesagt.

20|24.

Erst wurde jahrtausendelang Salz abgebaut, später kamen die Sommerfrischler und Kurgäste: Dass Bad Ischl und das Salzkammergut Kulturhauptstadt 2024 sind, erlaubt neue Blicke auf eine Region voller Tradition.

BAD ISCHL UND SALZKAMMERGUT

2

Kulturhauptstädte Europas gab es schon viele, 2024 sind es drei. Und doch ist Bad Ischl – neben Tartu (Estland) und Bodø (Norwegen) – etwas Besonderes: Die österreichische Kurstadt ist zusammen mit 22 weiteren Orten im Salzkammergut die erste ländlich-alpine Region mit dieser Auszeichnung. Weil hier schon seit 7000 Jahren Salz gefördert und verarbeitet wird, gilt das Salzkammergut als die älteste Industrie- und Kulturregion weltweit. In Hallstatt wurde sogar die erste Pipeline der Welt gebaut! 13 000 ineinandergesteckte Baumstämme transportierten vor über 400 Jahren salzhaltiges Wasser zur Saline nach Ebensee. Das „weiße Gold" war teuer und begehrt, denn nur damit konnten vor der Erfindung des Kühlschranks Lebensmittel haltbar gemacht werden. Unter dem Motto „Kultur ist das neue Salz" darfst du dich auf ein tolles Programm freuen. Wie beeinflusst die Tradition die Zukunft? Wie stellt sich der alpine Raum den kommenden Herausforderungen, auch im Hinblick auf den Klimawandel? Wie lässt sich kulturelle Identität in einer globalisierten Welt erhalten? Diese und weitere Fragen werden in der ganzen Region bei spannend-bunten Projekten verhandelt. Zeit für einen neuen Blick auf ein traditionelles Urlaubsziel.

Die älteste Kulturregion

to do

1 Beats und Bikes
Am 21. Juni 2024 bringt der „European Music & Mobility Day" Musik in alle 23 Dorf- und Ortszentren der Kulturhauptstadt. Handgemachte Töne und DJ-Beats treffen dabei auf die Rückeroberung des Straßenraums zu Fuß und per Rad.

2 Glück auf!
Auf einer 64 m langen Rutsche saust du in Hallstatt ins weltälteste Salzbergwerk. Schon vor 7000 Jahren haben dort Bergmänner das „weiße Gold" abgebaut. Außen erwartet dich auf der Plattform Skywalk, die 360 m über dem See und dem Städtchen schwebt, ein mega Blick.

3 Zugabenteuer
Setze dich in die Bahn und lass dich überraschen! Auf der Strecke von Attnang-Puchheim nach Tauplitz erlebst du das Projekt „Regional_Express". Apps und Virtual Reality lassen dich in die Kultur- und Naturgeschichte der Gegend eintauchen. Infos: www.salzkammergut-2024.at/veranstaltung/regional_express.

to see

4 Salt.Lake.City
In der zentralen Ausstellung der Kulturhauptstadt dreht sich alles ums Salz. Objekte, Filme, Fotos und Installationen findest du, ganz stilvoll, im Sudhaus in Bad Ischl. Hier wurde früher die Salzbrühe (Sole) aus dem Bergwerk zu feinen Kristallen verdampft.

5 Kunstfloß
An den Ufern des Traunsees legt 2024 „Plateau Blo. Raum am See" an. Das sind schwimmende Elemente, die an der Kunstuniversität Linz entstanden sind. Eines der Flöße zeigt Performances und Ausstellungen, ein anderes lädt zum Saunieren ein.

6 Seerundfahrt
Bloß nicht die Wassermänner im Altausseer See stören! Deshalb: Genieße das Panorama auf einem Solarschiff (mit grandiosem Blick auf den Dachsteingletscher). Wieder an Land? **INSIDER TIPP** Zieh dir ein schönes Gedicht an den Altausseer Poesieautomaten.

••• BAD ISCHL UND SALZKAMMERGUT ••••••••••

Land: Österreich (Oberösterreich, Steiermark)
Einwohner: 140 000 (Salzkammergut)
Anreise: Von München mit der Westbahn nach Attnang-Puchheim, dann ÖBB-Regionalzug nach Bad Ischl (www.westbahn.at)
Vor Ort unterwegs: Mit ÖBB-Regionalzug oder Postbus (www.oebb.at, www.postbus.at)
Mehr Infos: https://badischl.salzkammergut.at, www.salzkammergut-2024.at

€€€

JAN JUL
FEB AUG
MÄR SEP
APR OKT
MAI NOV
JUN DEZ

€€

€

BESTE   BUDGET
REISEZEIT   SKALA

Zeit für einen neuen Blick auf ein traditionelles Urlaubsziel

Du musst erst rauf, um runter-zukommen: 360 m über Hallstatt liegt der Eingang ins Salzbergwerk, hinauf geht's mit der Standseilbahn.

Ostsee-Charme vom Feinsten bietet das Luxushotel Kurhaus Binz. Günstiger ist es von April bis Oktober in einem der 2000 Strandkörbe.

Mondäne Badeorte, Strände ohne Ende, windige Buchten zum Surfen und ein neuer Panoramasteg über Deutschlands berühmtestem Kreidefelsen: Wann warst du das letzte Mal auf Rügen? Es wird auf alle Fälle wieder mal Zeit!

RÜGEN

3

Denkst du an Rügen, hast du bestimmt die Kreidefelsen vor Augen. Seit 2023 kannst du vom neuen Skywalk – 118 m über den Kreidefelsen – über den Königsstuhl, die Kreideküste und die Ostsee blicken. Und: 2024 ist der 250. Geburtstag von Caspar David Friedrich; sein berühmtes Gemälde der Kreidefelsen ist im August und September 2024 in der Sonderausstellung des Malers im Pommerschen Landesmuseum in Greifswald zu sehen. Rügen selbst ist Natur pur: Lass dir den Wind um die Nase wehen und erhole dich vom stressigen Alltag, ob im Nationalpark Vorpommersche Boddenlandschaft oder in den Unesco-Gebieten Nationalpark Jasmund und Biosphärenreservat Südost-Rügen. Auf fast 52 km Länge und 43 km Breite bietet Deutschlands größte Insel genug Platz für alle. Auf dich warten 85 km Strand, darunter die ostsee-typischen FKK-Abschnitte und windige Surfreviere mit hipper Crowd in Surfschulen und auf Campingplätzen. In Prora herrscht seit Jahren Aufbruchstimmung, Teile des 4 km langen Nazibaus in bester Strandlage werden in exklusive Ferienwohnungen mit Pools umgewandelt (zu buchen über Booking oder Airbnb). Erlebe die 30. Saison der Störtebeker-Festspiele (von Juni bis September), mache eine Fahrt mit dem „Rasenden Roland" (Deutschlands ältester Schmalspur-Dampfbahn), miete einen Trabbi oder nimm an einer Jeep-Safari im Hanomag teil. Hach, das reicht für mehrere Urlaube!

to do

1 Skywalk Königsstuhl

Der Blick auf die Kreidefelsen in Sassnitz ist jetzt noch schöner. Die Aussichtsplattform wurde durch einen hufeisenförmigen Skywalk ersetzt, der größer ist als der am Grand Canyon (90 m lang und 19 m breit). 500 m weiter kommst du zur Viktoriaaussicht, einer kostenlosen Alternative.

2 Wandle über den Wipfeln

Im Naturerbe-Zentrum Rügen in Prora flanierst du 4–17 m über dem Waldboden durch die Baumkronen. Um eine Rotbuche herum wurde ein offener Turm gebaut. Auf der spiralförmigen Rampe läufst du auf die Aussichtsplattform in 40 m Höhe, mit Blick über die Insel. Die 52-m-Tunnelrutsche nicht auslassen!

3 Surfen, Kitesurfen, SUP

Rügen ist eines der beliebtesten Surfreviere Deutschlands, mit jeder Menge Surf- und Kiteschulen; hier kannst du auch windsurfen und SUP-Touren machen. Anfänger gehen nach Wiek, Dranske oder Suhrendorf, Extrem-Kiter nach Neu-Mukran.

to see

4 Binz

Genieße die Stimmung in einem der schönsten Ostseebäder: Du bummelst die Strandpromenade entlang mit ihren Jahrhundertwende-Hotels, der Seebrücke und dem kuriosen Müther-Turm. Du genießt die Sonne im Strandkorb und Sanddornlikör auf Prosecco in einer lässigen Strandbar. **INSIDER TIPP** Sauniere am Strand im historisch anmutenden Sauna-Wagen und spring dann in die Fluten.

5 Seebrücke Sellin

Die feine Hochzeits-Location hat auch bodenständige Seiten. Am Ende des fast 400 m langen Stegs steigst du in eine türkisfarbene Tauchgondel. Mit bis zu 30 Leuten sinkst du auf den Ostseeboden hinab. Am besten zum „Open Air Sellin" mit Konzerten und Feuerwerk (Ende Juli/Anfang August).

6 Stralsund

Das Deutsche Meeresmuseum soll bis 2024 ein Großaquarium mit Riff erhalten und die Aquarien werden modernisiert. Gehör zu den ersten Besucher:innen nach Wiedereröffnung!

• • • • RÜGEN •

Bundesland: Mecklenburg-Vorpommern
Einwohner: 70 000
Anreise: Mit dem ICE von Berlin, Köln und München direkt nach Binz, im Sommer auch mit dem Nachtzug aus Basel. Per Fernbus oder Auto via A20, E22 und Rügenbrücke
Vor Ort unterwegs: Am einfachsten mit dem Auto, lokal auch mit Fahrrad und E-Bike
Mehr Infos: www.ruegen.de

		€€€
JAN	JUL	
FEB	AUG	
MÄR	SEP	€€
APR	OKT	
MAI	NOV	
JUN	DEZ	€

BESTE REISEZEIT   BUDGET SKALA

Lass dir den Wind um die Nase wehen

Tauchen in der Ostsee, brrr, kalt ... Nicht unbedingt! Mit der Tauchgondel in Sellin kannst du trockenen Fußes 4 m tief in die Unterwasserwelt eintauchen.

Skipisten und Liftanlagen sind nicht immer nötig: Ist das Oberallgäu tief verschneit, dann ist Schneeschuhwandern eine ökologische Alternative.

Tritt neben die Flugscham jetzt auch die Skiurlaubscham? Wintersportgebiete, die ökologischer und grüner werden (wollen), liegen jedenfalls im Trend.

TREND:GRÜNER WINTERSPORT

4

R und 50 Millionen. So viele Menschen fahren jährlich zum Wintersport in die Alpen. Die meisten kommen mit dem Auto – und haben damit bereits den größten Klimaschaden verursacht, bevor sie den ersten Bogen in den Schnee gezogen haben. Dem entgegen steht ein Trend, der sich auch 2024 fortsetzen wird: Skigebiete, die ökologischer werden (wollen). Aber ist das überhaupt möglich? Auch das grünste Skigebiet muss Schneekanonen einsetzen, wenn die Hänge, nun ja, grün bleiben. Forscher:innen gehen davon aus, dass in wenigen Jahrzehnten nur noch auf Höhen über 2500 m Wintersport möglich sein wird. Was also tun? In Kaiser-Brixental in Österreich etwa werden die Anlagen für die künstliche Beschneiung vollstän-dig mit Ökostrom betrieben. Noch besser ist es, wenn ein Skigebiet ausschließlich auf Naturschnee setzt – und andere Aktivitäten wie etwa Winterwandern anbietet, falls die weiße Pracht ausbleibt. Kleinere und mittlere Gebiete wie zum Beispiel die 19 Mitglieder der „Alpine Pearls" sind meist umweltfreundlicher, da sie auf sanften Tourismus setzen. Doch den wichtigsten Trend müssen Skifahrer:innen selbst setzen: auf öffentliche Verkehrsmittel umsteigen.

Naturschnee und sanfter Tourismus

top spots

1 Oberstdorf (D)

Ökostrom aus Wasserkraft, satellitengestützte Schneehöhenmessung für eine schonende Beschneiung, eine moderne Seilbahn, Pistenraupen mit Öko-Kraftstoff und kostenlose Skibusse: Die Skigebiete rund ums Nebelhorn im bayerischen Allgäu legen Wert auf Nachhaltigkeit. www.ok-bergbahnen.com

2 Berchtesgadener Land (D)

Mit der Bergbahn auf den Watzmann ist es vor 50 Jahren nichts geworden – und jetzt profitiert das Biosphärengebiet mit Nationalpark von der Entschleunigung: nur Naturschnee und kleine Hotels, Ruhe und Langsamkeit. www.berchtesgaden.de

3 Verbier4Vallées (CH)

Das Schweizer Skigebiet im Wallis setzt auf den öffentlichen Verkehr. Wer mit Verbier oder Vos Alpes Express anreist, bekommt Vergünstigungen auf den Skipass. Die Seilbahn Le Châble-Verbier ist Teil der Zugfahrkarte, zudem fahren Gratis-Shuttlebusse. www.verbier4vallees.ch

4 Andermatt Sedrun Disentis (CH)

Das größte Skigebiet der Zentralschweiz hat ein umfangreiches Öko-Programm. Dazu gehört auch, dass die Bergrestaurants regional einkaufen und viel vegetarisch kochen. www.andermatt-sedrun-disentis.ch

5 Mieminger Plateau (A)

Die Region in Tirol ist konsequent einen neuen Weg gegangen und hat die Lifte abgebaut. Heute tummeln sich auf dem Grünberg Skitourengeher:innen, auf die **INSIDER TIPP** leichte Touren ohne Lawinengefahr warten. Dazu wird (mit Schneeschuhen) gewandert und vor allem die Ruhe genossen. www.innsbruck.info

6 Weißensee (A)

2023 wurde die Region als nachhaltigste Österreichs ausgezeichnet. Der Weißensee selbst friert im Winter zuverlässig zu und wird zum Lieblingsplatz für Eis(schnell-läufer:innen – nur eine der 15 hier angebotenen Sportarten. Gratis-Öffis gibt's außerdem. www.kaernten.at

• • • • • GRÜNER WINTERSPORT •

Mehr Infos: Der Eingriff in die Bergwelt durch Pisten und Lifte – selbst wenn der Strom für die Aufstiegsanlagen aus erneuerbaren Quellen stammt – ist massiv. Doch du kannst die Auswirkungen durch die Auswahl des Skigebiets beeinflussen, Websites wie www.skiresort.de bieten Orientierung.

	€€€
JAN JUL	
FEB AUG	
MÄR SEP	€€
APR OKT	
MAI NOV	
JUN (DEZ)	€

BESTE   BUDGET
REISEZEIT   SKALA

Den Rausch der Geschwindigkeit erlebt man nicht nur an den Hängen – auf dem zugefrorenen Weißensee wird's auf Kufen rasant.

Der Weißensee wird zum Lieblingsplatz der Eis(schnell)läufer

Gechilltes Sonnenbaden in der guten Stube: Wenn das deutsche Team im Sommer 2024 kickt, wird auf dem Schlossplatz mehr los sein.

Eine langweilige Businessmetropole? Das ist Baden-Württembergs Landeshauptstadt schon lange nicht mehr. Bei der EM 2024 soll Stuttgart wie schon 2006 zur Stadt der ausgelassenen Partys werden.

STUTTGART

5

Wird es noch einmal ein Sommermärchen geben wie bei der Fußball-WM 2006? Es ist ja so eine Sache mit den Erwartungen und den Wiederholungen ... zumal die Welt bei der „UEFA EURO 2024" eine gänzlich andere ist als 18 Jahre zuvor. Stuttgart – neben Berlin, München, Dortmund, Hamburg, Gelsenkirchen, Frankfurt am Main, Köln, Düsseldorf und Leipzig vom 14. Juni bis 14. Juli 2024 einer der Austragungsorte der Europameisterschaft – machte sich damals einen Namen als friedlich-fröhliche Partyhauptstadt. Zehntausende feierten auf dem Schlossplatz, holländische Fans skandierten: „Stuttgart is van ons!". Am Mittwoch, 19. Juni 2024, tritt die deutsche Nationalmannschaft am Neckar zu ihrem zweiten Vorrundenspiel an. Insgesamt vier Gruppen- und ein Viertelfinalspiel finden in der Stuttgart Arena statt, wie die Mercedes-Benz Arena während der EM werbefrei heißen wird. (Nicht nur) für das Turnier hat sich das Stadion fit und die Stuttgarter Innenstadt fein gemacht: Der Marktplatz wurde saniert, die Barszene vibriert, frische (Design-)Hotels machen Laune, und ein neues Haus des Tourismus soll dazu einladen, mehr von der Stadt und der Region zu sehen. Stuttgart ist langweilig? Wer sagt denn so was?

Die Barszene vibriert

to do

1 Chillen nach dem Spiel

Wenn du dich beim Jubeln und Mitzittern verkrampft haben solltest, kannst du dich im nahen Mineralbad Leuze entspannen. Es bietet sowohl warme als auch kalte Badebecken voll gesundem Tiefenwasser und eine große Liegewiese. Dazu kommt eine Saunalandschaft – die Winzer-Sauna bietet Weinbergpanoramablick.

2 Flussfahrt statt Fußball

Von Bad Cannstatt aus starten die Flussschiffe von Neckar-Käpt'n zum Beispiel nach Marbach oder in die Hessigheimer Felsengärten: Literaturmuseum, Weinverkostung oder Klettertouren als Gegenentwurf zum Kicken.

3 Mit Drinks durch die Nacht

Sie heißen Le Petit Coq, Jigger & Spoon, Paul & George, Fou Fou Bar, Puf oder Gian Paolo e Marco. Sie sind mal im New-York- oder Industrie-Style gehalten, liegen mal in einem Ex-Banktresor oder in Stuttgarts winzigem Rotlichtviertel – und stehen alle für eine spannende Barkultur.

to see

4 Fernsehturm

Von der Aussichtsplattform des Stuttgarter Fernsehturms in 150 m Höhe siehst du auch das Stadion – und noch viel mehr: Bis zur Schwäbischen Alb und zum Schwarzwald geht der Blick. **INSIDER TIPP** Im Panoramacafé kannst du bei Traumaussicht frühstücken.

5 Automobilmuseen

In direkter Nachbarschaft zum Stadion liegt das Mercedes-Benz Museum, das allein schon durch seinen Bau fasziniert. Drinnen geht es mit mehr als 160 Fahrzeugen einmal durch die Geschichte des Automobils. In Zuffenhausen findest du das ebenso stylische Porsche Museum.

6 Schlossplatz

Auch 2024 ist Public Viewing mitten in der Stadt vor dem Neuen Schloss geplant. Rund um den Schlossplatz gibt's Restaurants, jede Menge Shops – und ein spannendes Kontrastprogramm im Glaswürfel des Kunstmuseums.

STUTTGART

Bundesland: Baden-Württemberg
Einwohner: 610 000
Anreise: Stuttgart ist von allen größeren Städten mit dem ICE erreichbar. Am Bahnhof ändert sich die Baustellenlage wegen der Arbeiten an Stuttgart 21 oft – Zeit einplanen!
Vor Ort unterwegs: Stadtbahnen und Busse; S-Bahnen verspäten sich oft oder fallen aus.
Mehr Infos: www.stuttgart-tourist.de

	€€€
JAN JUL	
FEB AUG	
MÄR SEP	€€
APR OKT	
MAI NOV	
JUN DEZ	€

BESTE   BUDGET
REISEZEIT   SKALA

Einmal durch die Geschichte des Automobils

Die DNA des Autos: Auf neun Ebenen, angeordnet in Form einer Doppelhelix, erwarten dich 160 Fahrzeuge mit dem berühmten Stern.

Schwindelfrei solltest du sein für den 50 m hohen Tetraeder auf der Halde Emscherblick in Bottrop. Auf dem Nachbarhügel steht die Skihalle mit der längsten Indoorpiste der Welt.

Glückauf und willkommen im Pott!
Im Geopark bist du richtig, wenn du ein
Faible für Industriekultur und Lost Places
hast und Urban Exploring ebenso dein Ding
ist wie ausgefallene Naturphänomene.

GEOPARK RUHRGEBIET

6

Nicht nur die Fußball-EM ist 2024 ein Anlass, ins Ruhrgebiet zu fahren. Das Revier ist angesagt, Pott-Klischees haben ausgedient, der Strukturwandel läuft – und das nicht erst, seit Essen 2010 Kulturhauptstadt Europas war. Die Zeche Zollverein zählt zum Unesco-Weltkulturerbe, das Bergbaumuseum Bochum ist das größte seiner Art weltweit. 250 Abraumhalden sind neue „Berge" mit Aussichtspunkten und einer Skihalle. In Gasometern sind heute Kunsthallen (Oberhausen) oder das größte Indoor-Tauchbecken Europas (Duisburg) angesiedelt. Hunderte Stätten wie diese findest du im Geopark Ruhrgebiet; so viele, dass er 2022 einen eigenen Reiseführer bekommen hat. Der Geopark erstreckt sich auf 4500 km^2 von Xanten am Niederrhein bis nach Ahlen in Westfalen, von Haltern am See bis Ennepetal. Richtig interessant wird es in den Bergwerken und Höhlen: Der Geopark und seine Geotope zeigen dir die Entstehungsgeschichte hautnah, und du kommst mit 300 Millionen Jahre alten Gesteinen und Fossilien in Berührung. Die Region kannst du mit dem Fahrrad erkunden (der ADFC hat das Ruhrgebiet 2021 als erste urbane Radreiseregion zertifiziert) oder zu Fuß (2022 kamen GeoPfade in Hagen und Essen hinzu). Urbanes Wandern ist schließlich in!

Das Revier ist angesagt

to do

to see

1 Dreck lass nach
Das Besucherbergwerk Graf Wittekind im Dortmunder Süden ist nichts für Zimperliche. Im Overall mit Knieschonern und Stirnlampe krabbelst du bei 9 °C zwei Stunden lang durch dunkle Gänge, die 50 cm bis 1,50 m hoch sind; so wie die Bergleute vor 200 Jahren.

2 Baldeneysee
Auf dem Ruhr-Stausee im Essener Süden sind Ruder:innen, Kanut:innen, Segler:innen und Ausflugsschiffe unterwegs. 2017 war Essen Umwelthauptstadt Europas, seitdem darf man wieder in der Ruhr baden. Am Ufer gibt's neben der Villa Hügel, dem Campingplatz und einem Beachclub jede Menge Geopark-Stationen.

3 Georoute Lippe
Radwandern liegt im Trend. Links und rechts der Lippe fährst du 300 km von Ahlen bis an den Niederrhein. Unterwegs siehst du Bergbauhalden mit Aussichtspunkten, Industriebauten, stillgelegte Zechen, aber auch Schlösser und Auen.

4 Felsenmeer Hemer
Der Legende nach entstand diese 35 ha große Karstlandschaft im Norden des Sauerlandes, als ein Zwergenkönig einen Fluch aussprach und eine Riesenhalle einstürzte. Du spazierst einfach auf einem Panoramaweg mit Aussichtsplattformen über den 600 m langen und bis zu 200 m breiten Steinwald.

5 Weltberühmte Fossilien
Ein Blick in Ur-Ur-Ur-Zeiten: Im Ziegeleisteinbruch in Hagen-Vorhalle wurden einige der ältesten geflügelten Insekten der Welt gefunden. **INSIDER TIPP** Einige der Fossilien sind im Wasserschloss Werdringen und im Naturkundemuseum Münster zu sehen.

6 Kluterthöhle
In Ennepetal tauchst du (trockenen Fußes!) in ein versteinertes Korallenriff ab. Regelmäßig finden hier Konzerte bei Kerzenschein und Klangschalen-Meditationen statt. Die Liegen sind für Stressgeplagte und Asthmatiker:innen, die in der reinen, kühlen Luft (10 °C) relaxen.

· · · · · **GEOPARK RUHRGEBIET** ·

Bundesland: Nordrhein-Westfalen
Einwohner: 5,5 Mio.
Anreise: Alle größeren Städte haben ICE- oder IC-Anbindung.
Vor Ort unterwegs: Regional- und S-Bahnen sowie Busse des Verkehrsverbandes Rhein-Ruhr nehmen, im Lippegebiet besser das Auto.
Mehr Infos: www.geopark.ruhr

€€€

JAN	JUL
FEB	AUG
MÄR	SEP
APR	OKT
MAI	NOV
JUN	DEZ

€€

€

BESTE REISEZEIT   BUDGET SKALA

Am Ufer gibt's jede Menge Geopark-Stationen

Der Essener Baldeneysee ist das (Naherholungs-) Revier im Revier. An den Sommerwochenenden tummelt sich gefühlt der halbe Pott an dem Ruhrstausee.

7

TELL-TRAIL

Der Fernwanderweg in der Zentralschweiz
geht 2024 erst in die vierte Sommersaison.
Acht Etappen, zu Fuß und mit spektakulären
Berg- und Seilbahnen – nachhaltiger und
entschleunigender geht's kaum!

Keine Sorge, auf dem Tell-Trail balancierst du nicht ständig am Abgrund entlang, wie auf dem Felsenweg der Etappe 5 am Wagenleis.

Du suchst eine Herausforderung mit fantastischen Ausblicken? Dann mach dich auf in die Region Luzern-Vierwaldstättersee: Auf dem rund 130 km langen Tell-Trail läufst du über von Tannenwäldern eingerahmte Almwiesen, hin und wieder tauchen urige Dörfer und Hütten auf, in Bergseen spiegeln sich graue Bergspitzen. Jeden Tag wanderst du fünf bis sechs Stunden und hörst nichts als Flussrauschen und Kuhglocken. Klingt gut, oder? Du startest in Altdorf im Kanton Uri am Denkmal von Wilhelm Tell, dem legendären Schweizer Freiheits-kämpfer. Vor dir liegen die „Big 6" der Zentralschweizer Berge: Stoos, Rigi, Pilatus, Stanserhorn, Titlis und Brienzer Rothorn. Du fährst ab und zu mit dem Bus (genannt Postauto), nimmst das Schiff von Vitznau nach Luzern und steigst in elf Berg- und Seilbahnen. Einige davon suchen weltweit ihresgleichen, wie das Mammutprojekt der Stoosbahnen und die Zahnradbahn, die seit 1889 den Pilatus erklimmt. Du willst es gemütlicher angehen lassen? Dann pick dir einzelne Etappen heraus und überbrücke die anderen mit dem Tell-Pass im Gepäck per Bus, Bahn oder Schiff.

to do

1 Traumhafte Aussichten

Das ist nichts für Leute mit schwachen Nerven: In der zweistöckigen CabriO-Seilbahn auf das Stanserhorn kannst du in der Gondel die Wendeltreppe aufs offene Oberdeck nehmen. Am Gipfel angekommen, lässt du anschließend im Drehrestaurant in 43 Minuten das Bergpanorama an deinem Tisch vorbeiziehen.

2 Ritt auf dem Dampfross

Die Vitznau-Rigi-Bahn von 1871 ist die älteste Bergbahn Europas. Ganz so alt ist die kohlenbefeuerte Dampflok von 1923 nicht, die mit 9 km/h in der Spitze den Berg hinaufschnauft. Du reist im Holzwaggon wie vor 100 Jahren.

3 Seilbahn mit Drehwurm

Seit 1992 fährt Titlis Rotair, die erste drehbare Seilbahn der Welt, auf den Hausberg von Engelberg, Austragungsort der Vier-Schanzen-Tournee der Skispringer. Auf dem Gipfel erwarten dich eine Gletschergrotte und auf 3040 m Europas höchste Hängebrücke.

to see

4 Luzern

Kaum eine Schweizer Stadt ist malerischer! Bummel zur blauen Stunde über die blumengeschmückte Kapellbrücke und am Seeufer entlang. **INSIDER TIPP** Und mach eine Sonnenuntergangsfahrt mit dem Dampfschiff auf dem Vierwaldstättersee, mit Alphorn und Apéro.

5 Hohle Gasse

In Friedrich Schillers Drama sagt Wilhelm Tell 1307: „Durch diese hohle Gasse muss er kommen." Die gibt es wirklich: Spaziere auf dem kopfsteingepflasterten Hohlweg zwischen Küssnacht und Immensee.

6 Bergdorf Stoos

Das autofreie 150-Seelen-Dorf liegt auf einem Hochplateau. Das bietet dir einen 360-Grad-Blick auf zehn Seen, die Hochalpen und das Mittelland. Hinauf kommst du mit der 2017 gebauten Standseilbahn von Schwyz aus. Sie ist die steilste der Welt. Das schicke wie teure technische Wunderwerk mit den runden Kabinen schafft locker die 48 Grad Steigung.

• • • • TELL-TRAIL •

Kantone: Luzern, Schwyz, Uri, Nidwalden, Obwalden
Einwohner: 680 000
Anreise: Mit der Bahn nach Luzern, weiter mit S-Bahn, Bus und Seilbahn
Vor Ort unterwegs: Zu Fuß und mit Seilbahnen. Der Tell-Pass für Bahnen und Seilbahnen kostet für 2–10 Tage 190–320 Franken.
Mehr Infos: www.luzern.com, www.tellpass.ch

€€€

JAN	JUL
FEB	AUG
MÄR	SEP
APR	OKT
MAI	NOV
JUN	DEZ

€€

€

BESTE REISEZEIT   **BUDGET SKALA**

Eine Dampfschifffahrt mit Alphorn und Apéro

Mach mal Pause und lass dir auf dem Vierwaldstättersee den Wind um die Nase wehen. Am besten an Deck eines historischen Raddampfers.

Die Criewener Kirche stand früher mitten im Dorf. Doch das musste um 1820 einem Park des Gartenkünstlers Peter Joseph Lenné weichen.

„Ferien fürs Klima" heißt der Slogan des Naturparadieses nördlich von Berlin. Wer seinen Urlaub in der Uckermark verbringt, muss sich um den ökologischen Fußabdruck keine Sorgen machen.

UCKERMARK

8

Berlins Prenzlauer Berg ist gerade mal anderthalb Bahnstunden von Prenzlau in der Uckermark entfernt. Doch dort draußen, in Brandenburg, tauchst du in eine andere Welt ein. Statt Gewusel erlebst du wilde Naturparadiese, von der Eiszeit ins Gelände gemalt. Während sich in der Hauptstadt mehr als 4000 Menschen pro Quadratkilometer drängeln, schafft es die Uckermark gerade mal auf 38 Einwohner:innen. Traumhaft zum Ausspannen! Die Region wirbt mit dem Slogan „Ferien fürs Klima", was kein hippes Etikett ist, sondern wirklich gelebt wird. Schon im ersten Bundeswettbewerb „Nachhaltige Tourismusregionen" hat es die Uckermark 2012/13 auf den ersten Platz geschafft. Seitdem wird immer weiter in klimafreundliche An-

gebote investiert. Ganz selbstverständlich bist du vor Ort mit den Öffis unterwegs. Oder, ganz emissionsfrei, zu Fuß (auch mit Packesel oder Pferd und Wagen), auf dem Fahrrad, im Kanu oder auf dem Board. Den Gastgeber:innen ist Klimaschutz wichtig. Sie produzieren teils ihren eigenen Solarstrom, bieten regionale (Bio-)Lebensmittel an, verwenden wiederbefüllbare Lunchboxen und holen die Gäste auf Wunsch vom Bahnhof ab. Zu entdecken gibt es gleich drei wunderschöne Naturlandschaften: den Naturpark Uckermärkische Seen, das Biosphärenreservat Schorfheide-Chorin und den Nationalpark Unteres Odertal. Mit Hunderten von klaren Seen, mit Mooren, flinken Bibern, mächtigen Seeadlern und winzigem Sonnentau.

to do

1 Rollendes Zuhause
Gemütlich auf vier Rädern durch die Gegend zuckeln – wie klingt das? Als Treibstoff reichen Hafer und Wasser. Und manchmal eine Möhre. Planwagenfahrten mit Pferdeantrieb auf organisierten Touren fühlen sich wildromantisch an. Und entschleunigen ungemein.

2 Flussabenteuer
Fast wie bei Huckleberry Finn: Die Paddel tauchen ins Wasser und das Kanu gleitet am wild bewachsenen Ufer vorbei, wo ab und zu ein Biber knabbert. Nur dass du nicht auf dem Mississippi schipperst, sondern in der Auenlandschaft Unteres Odertal.

3 Rundrum mit dem Rad
Uckermärkischer Radrundweg, so heißt ganz prosaisch die 300 km lange Fahrradtour, die dich vor lauter Naturschönheit sprachlos macht. Lass dich von der hervorragend gemachten Website inspirieren: www.tourismus-uckermark.de/uckermaerkischer-radrundweg.

to see

4 Uckermärkische Seen
Wer sonnt sich denn da im Wasser? Eine Sumpfschildkröte! Die seltene Spezies lebt wie Eisvogel, Fischadler und Moorfrosch quietschfidel im Naturpark Uckermärkische Seen. **INSIDER TIPP** Einen tollen Einblick ins Wildlife geben die Rangertouren, die von Frühjahr bis Herbst unternommen werden.

5 Buchenwald Grumsin
Ausflug in den Märchenwald! Wie Riesen mit grünen Blätterhaaren stehen die Buchen dicht an dicht im Unesco-Weltnaturerbe Grumsin. Das Schutzgebiet entwickelt sich wieder zum Urwald. Naturnahe Wanderwege führen zu Waldseen und Mooren.

6 Fachwerkstädtchen
Für einen Spaziergang durchs Mittelalter brauchst du keine Zeitmaschine. In vielen Städtchen der Uckermark wie Angermünde, Templin oder Prenzlau atmen Fachwerkhäuser, alte Tore und Türme den Geist der Geschichte.

• • • UCKERMARK •

Bundesland: Brandenburg
Einwohner: 120 000
Anreise: Erst mit ICE oder IC nach Berlin, dann mit der Regionalbahn nach Templin, Fürstenberg, Zehdenick oder Prenzlau
Vor Ort unterwegs: Mit Bussen der UVG: www.uvg-online.com. Ein Theaterbus fährt zu den Uckermärkischen Bühnen Schwedt.
Mehr Infos: www.tourismus-uckermark.de

€€€

| JAN | JUL |
| FEB | AUG |
| MÄR | SEP | €€
APR	OKT
MAI	NOV
JUN	DEZ

€

BESTE   BUDGET
REISEZEIT   SKALA

Fast wie bei Huckleberry Finn

Wasser, wohin man schaut: Im Naturpark Ucker-märkische Seen bist du am besten mit dem Kanadier unterwegs. Kurse gibt's auch!

Über einen steilen Grat geht es schweißtreibend hinauf zur Brecherspitz, dem markantesten Gipfel, der über dem Spitzingsee thront.

Er ist der kleine Unbekannte unter
den Seen rund um München:
der Spitzingsee. Wandern, Rad fahren oder
mit dem Tretboot übers Wasser – hier
herrscht pure bayerische Bergidylle.

SPITZINGSEE

9

Der Tegernsee ist schicker, der nördlich gelegene Schliersee bekannter. Und im Vergleich zum Chiemsee tupft der Spitzingsee nur einen kleinen Klecks auf die Landkarte. Trotzdem punktet er mit einem Superlativ: Er liegt auf 1084 m und ist mit 28 ha der größte bayerische Hochgebirgssee. Dass das Gewässer samt gleichnamigem Ort trotzdem keine Starallüren hat, liegt daran, dass es im Reigen der bayerischen Seen eher der Unbekannte ist. Und genau das macht den Charme aus. Während auf dem nicht weit entfernten Tegernsee die Segeljachten kreuzen, schaukeln auf dem Spitzingsee Tret- oder Ruderboote. Ganz unaufgeregt. Im kristallklaren Wasser spiegelt sich dabei das Bergpanorama mit der markanten Brecherspitz, der Rotwand und dem Jägerkamp. Rund 200 Menschen leben in Spitzingsee, einem Ortsteil der Gemeinde Schliersee. Nur rund 70 km von München entfernt, genießt du hier wunderbar entspannt die wildromantische Natur. Im Sommer geht's auf alpinen Pfaden durch ausgedehnte Wandergebiete mit Wäldern, Kuhwiesen und Almen. Im Winter wedeln viele aus der bayerischen Hauptstadt die Hügel hinunter. Dort, wo schon Markus Wasmeier, der spätere Ski-Olympiasieger, seine ersten Brettl anschnallte.

Ein Star ohne Allüren

49

to do

1 Tag am See
Nix für Warmduscher, aber herrlich erfrischend! An einem heißen Sommertag bringt es der Spitzingsee gerade mal auf 18–20 °C. Badegäste nutzen **INSIDER TIPP** die Liegewiese mit Steg vor dem Arabella Hotel. Oder du suchst dir auf dem Spitzingsee-Rundweg ein ruhiges Plätzchen am Ufer.

2 Wasserabenteuer
Ahoi! Bist du bereit für eine Spritztour? Unterhalb der Klausenhütte, an der Südseite des Spitzingsees, findest du den Bootsverleih. Erst eine gemütliche Fahrt mit einem Elektro-, Tret-, Ruderboot oder SUP-Board. Und anschließend Reiberdatschi essen!

3 Wintersport
Wedle durchs Winterwunderland: Im Skigebiet Spitzingsee-Tegernsee geht es über die Pisten rund um die Berge Stümpfling und Roßkopf. Kurvenlift und Stümpfling-4er-Sesselbahn bringen dich von Dezember bis März in den Schnee.

to see

4 Taubenstein-Kabinenbahn
Du kraxelst nicht gerne aufwärts? Dann schwebe im Sommer mit der Taubenstein-Kabinenbahn über blühende Wiesen und schroffe Felsen. Von der Bergstation aus führen dich Wanderwege – von easy bis Profiniveau – zu traumhaften Ausblicken.

5 Bockerlbahnweg
Im Jahr 1919 entwurzelte ein mächtiger Orkan unzählige Bäume. Um das Holz abtransportieren zu können, baute man eine Dampfbahnstrecke. Heute verläuft dort ein Weg mit 20 spannenden Hinweistafeln vom Bahnhof Fischhausen-Neuhaus bis zur Waitzinger Alm.

6 Freilichtmuseum
Das Markus Wasmeier Freilichtmuseum in Neuhaus zeigt in idyllischer Landschaft das Leben in einem altbayerischen Dorf. Die Liebe zu historischen Häusern hat der mehrmalige Weltcup- und Olympiasieger Wasmeier vom Vater geerbt – der war Restaurator und Lüftlmaler.

· · · · · SPITZINGSEE ·

Bundesland: Bayern
Anreise: Mit der Bayerischen Regiobahn (BRB) zum Bahnhof Schliersee. Von dort mit dem Regionalbus 9562 bis Spitzingsee Kirche
Vor Ort unterwegs: Mit dem Regionalbus und den Alpenbahnen Spitzingsee (www.alpenbahnen-spitzingsee.de)
Mehr Infos: www.tegernsee-schliersee.de, www.schliersee.de

		€€€
JAN	JUL	
FEB	AUG	
MÄR	SEP	€€
APR	OKT	
MAI	NOV	
JUN	DEZ	€

BESTE REISEZEIT   BUDGET SKALA

Wedle durchs Winterwunderland

Mit seinen eher sanften Hängen ist das Skigebiet Spitzingsee-Tegernsee perfekt für Familien – und alle, die wieder einsteigen wollen.

Ursprünglich wollten Mönche in den von ihnen aufgestauten Teichen der Oberlausitz Fische züchten. Heute findet hier auch der Reiher Futter.

Die Oberlausitzer Heide- und Teichlandschaft ist seit 30 Jahren Biosphärenreservat. Zu Fuß oder mit dem Rad geht es durch eine einmalige Landschaft, die von Menschenhand entstanden ist.

OBERLAUSITZ

10

Eine wildromantische Landschaft mit mehr als 350 Teichen und Gewässern, mit Seeadlern, Fischottern und Rohrdommeln. Und kaum jemand kennt sie. Doch das ändert sich 2024: 30 Jahre ist die Oberlausitzer Heide- und Teichlandschaft dann schon Biosphärenreservat, 1996 wurde sie von der Unesco anerkannt. Bereits im Mittelalter stauten Mönche im Gebiet nordöstlich von Bautzen Bäche auf, um Karpfen als Fastenspeise zu züchten. Sie verbanden dabei die Wasserflächen mit einem raffinierten Netz aus Zu- und Abflussgräben. Im Lauf der Jahrhunderte entstand das größte zusammenhängende Teichgebiet Mitteleuropas. Ein Biotop für über 5000 Tier- und Pflanzenarten wie Rotbauchunken oder Moorveilchen. Auch sonst tut sich in der sächsischen Oberlausitz gerade einiges. Sehr aktiv ist die sorbisch-wendische Minderheit, deren Vorfahren nordöstlich der Karpaten lebten und vor rund 1500 Jahren das Land besiedelten. Heute sind etwa 60 000 Sorb:innen und Wend:innen in der Ober- und Unterlausitz zu Hause. Deshalb siehst du häufig zweisprachige Orts-, Bahnhofs- und Straßenschilder. Großes Kino erwartet dich in „Görliwood". Vor 70 Jahren drehte die Defa in Görlitz ihren ersten Film. Es folgten über 100 weitere, darunter oscarprämierte Kinohits wie „Inglourious Basterds" oder „The Grand Budapest Hotel". Egal, was du tust: viel Spaß im „Moorwiesenpfützenland"! Denn das bedeutet der Name Lausitz wörtlich aus dem Sorbischen übersetzt.

to do

1 Sorbische Kultur erleben

Wenn du mehr über die sorbische Kultur wissen möchtest, bist du in Bautzen (Budyšin) goldrichtig. Nördlich der Stadt führt der 87 km lange Themenradweg Sorbische Impressionen durch eine reizvolle Landschaft mit typisch sorbischen Gebäuden, Museen und Gasthäusern.

2 Wilde Weitsichten

Erobere den Oberlausitzer Bergweg! Er schlängelt sich mit magischen Fernblicken entlang der deutsch-tschechischen Grenze. Auf 107 km geht's vom Töpferort Neukirch bis nach Zittau. Dort feiert das erste Stadtmuseum Sachsens sein 170-jähriges Bestehen.

3 Baden statt baggern

Wo früher der Braunkohletagebau wühlte, entsteht gerade Europas größte Baggerseelandschaft: das Lausitzer Seenland. Von Segeln bis Beachlife, **INSIDER TIPP** wie etwa am feinen Sandstrand des Bärwalder Sees/Ufer Boxberg, ist hier alles drin!

to see

4 Görliwood

Besuche Plätze, die schon auf der großen Leinwand zu sehen waren: Görlitz ist eine preisgekrönte Filmlocation, in der Stars wie Brad Pitt, Kate Winslet und Ralph Fiennes gedreht haben. Der „Walk of Görliwood" führt dich zu den spannendsten Drehorten.

5 Muskauer Park

Weltweit einmalig ist der grenzüberschreitende Landschaftspark aus dem 19. Jh., der Deutschland und Polen verbindet. Flanier zum 20. Jubiläum der Unesco-Welterbestätte durch eine verwunschene Natur mit schmucken Gebäuden.

6 Seifhennersdorf

Robin Hood spricht böhmisch und feiert 2024 seinen 260. Geburtstag. Trau dich ins Revier des legendären Räuberhauptmanns Johannes Karasek, der vor 200 Jahren in der südlichen Oberlausitz den Reichen genommen und den Armen gegeben haben soll. Mehr Infos unter www.karaseks-revier.de.

OBERLAUSITZ

Bundesländer: Sachsen, Brandenburg
Anreise: Mit dem ICE/IC nach Dresden, von dort zum Biosphärenreservat mit dem Regionalzug und Bus.
Vor Ort unterwegs: Mit Regionalzügen (www.laenderbahn.com) und -bussen (www.regionalbus-oberlausitz.de)
Mehr Infos: www.biosphaerenreservat-oberlausitz.de, www.oberlausitz.com

		€€€
JAN	JUL	
FEB	AUG	
MÄR	SEP	€€
APR	OKT	
MAI	NOV	
JUN	DEZ	€

BESTE REISEZEIT   BUDGET SKALA

Für Tarantino-Fans ein Muss: In der Görlitzer Peterstraße drehte der US-Regisseur Szenen für seinen Film „Inglourious Basterds".

Besuche Plätze, die schon auf der großen Leinwand zu sehen waren

Bunte Fassaden, lebendige Plätze und Gassen voller Restaurants und Geschäfte: Auf einem Altstadtbummel gibt es an jeder Ecke etwas zu entdecken.

Auf Deutsch heißt sie Biel, auf Französisch Bienne. Die größte bilinguale Stadt der Schweiz hat ihren ganz eigenen Charme: eine wunderschöne Altstadt, Weinberge im Drei-Seen-Land und die Uhrenindustrie.

BIEL

11

Der „Röstigraben" ist der Weißwurst-Äquator der Schweiz: Nahe der Hauptstadt Bern verläuft die Sprachgrenze zwischen dem deutsch- und dem französischsprachigen Landesteil. Dort liegt Biel (oder Bienne). Dass beide Sprachen „Tür an Tür" leben, verdankt die deutschsprachige Stadt den Uhrmachern, die im 19. Jh. aus französischsprachigen Regionen zuzogen. Was den Reiz von Biel ausmacht, zeigt sich in der „Vieille Ville": Du siehst bunte Wohnhäuser mit Fensterläden, ehrwürdige Zunfthäuser, Theater, Marktplätze mit malerischen Brunnen, Straßencafés und kleinen Spezialitätengeschäften, Restaurants und Galerien. Am ersten Freitag jedes Monats, dem First Friday, strömen die Menschen in die Altstadt, um bis spätabends durch die Gassen zu bummeln, in den Läden zu stöbern, Musik zu hören, etwas zu essen oder einen Apéro zu nehmen. Die Weißweine dafür kommen von den sonnigen Hängen am Nordufer des Bielersees. Denn in Biel liegt die Natur direkt vor der Haustür, egal ob du in einer der zwei See-„Badis" schwimmen, um den See radeln, wandern oder mit dem SUP aufs Wasser möchtest. Zusammen mit dem Neuenburger- und dem Murtensee kommst du im Drei-Seen-Land und im Juragebirge voll auf deine Kosten. Weltweit bekannt ist Biel aber für seine Uhrenindustrie. Swatch und Omega haben ihren Hauptsitz hier, seit 2019 in einem atemberaubenden Gebäude des japanischen Stararchitekten Shigeru Ban.

to do

1 Seefahrt mit Solar

Sanft und leise gleitest du über den Bielersee, ganz lässig im solarbetriebenen „MobiCat" – dem größten Solarkatamaran der Welt! Du lässt dir draußen den Wind um die Nase wehen oder genehmigst dir an der Bordbar im rundum verglasten Innenraum eine Rivella oder ein *Cüpli* (ein Glas Champagner).

2 Schluchtenwandern

Auch Wandermuffel kommen in der Schweiz nicht um eine Mini-Hikingtour herum. Ganz easy spazierst du knapp 3 km am Flüsschen Schuss entlang durch die enge, mystische Taubenlochschlucht. Tipp: In Frinviller starten, dann geht's nämlich bergab und du kommst mitten in Biel raus!

3 Urban Golf

Wie cool ist das denn: Vom Seeufer aus spielst du dich an neun Abschlagstellen quer durch die Stadt bis zum Neuen Museum Biel. Los geht's an der Lago Lodge, einem Hostel mit hauseigener Brauerei.

to see

4 Uhrenmuseum

Verstaubt ist anders: Das Uhrenmuseum der Marken Omega und Swatch ist ein nachhaltiger Bau mit schlangenförmigem Holz-Glas-Dach. In der 2019 eröffneten Cité du Temps sind auch Produktion und Hauptsitze der Marken zu Hause.

5 Stadtführung mal anders

Lass dich inspirieren von Biels Industrie und Architektur (Bauhaus-Viertel am Bahnhof!), Frauen in der Geschichte, auf dem Cine-Trail und bei Nacht, mit dem Segway oder dem Hugo-Bike. Die klassische Altstadtführung gibt's natürlich auch.

6 Weinberge

Am Nordufer des Bielersees nimmst du die „Vini-Funi", die Standseilbahn in die Weinberge. Auf halber Höhe wechselst du auf den Rebenweg in Richtung Twann und genießt die Aussicht auf Reben, Dörfchen und den See. Zur An- und Abfahrt nimmst du das Schiff. **INSIDER TIPP** Am 1. Mai und dem ersten Maiwochenende ist „Tag der offenen Weinkeller".

•••• **B I E L** ••

Kanton: Bern
Einwohner: 55 000
Anreise: Am besten mit dem Hochgeschwindigkeitszug ICN via Basel, Zürich oder Genf oder mit dem Auto über die A1, A5 oder A16
Vor Ort unterwegs: Mit dem ÖV. Es gibt 20 Buslinien, die Standseilbahn und Schiffe.
Mehr Infos: www.biel-seeland.ch, www.bielersee.ch

		€€€
JAN	JUL	
FEB	AUG	
MÄR	SEP	€€
APR	OKT	
MAI	NOV	
JUN	DEZ	€

BESTE REISEZEIT   BUDGET SKALA

In Biel liegt die Natur direkt vor der Haustür

Auf dem Pilgerweg Bielersee gelangst du zur reformierten Kirche von Ligerz. Seit fast 500 Jahren thront sie in den Weinbergen.

Fröhlicher und freier Wildfluss: Der Lech ist eines der letzten Gewässer in Europa, das so fließen darf, wie es die Natur vorgesehen hat.

Nachhaltiger als auf den eigenen Beinen kann man nicht unterwegs sein. Die für den Weitwanderweg zuständigen Touristiker:innen stehen mit Aktionen und Projekten für die Sorgfalt im Umgang mit der Natur.

LECHWEG

12

Spring in Zug und Bus, fahr in die Berge und stürz dich in ein Naturabenteuer. Der Lechweg führt dich von der Quelle des türkisblauen Flusses im Vorarlberg bis zum Wasserfall im Allgäu. Ausgehend vom österreichischen Formarinsee in 1793 m Höhe, machst du locker rund 1000 Höhenmeter – nach unten! Der zertifizierte, grenzüberschreitende Weitwanderweg ist der erste seiner Art und schlängelt sich mitten durch eine der letzten Wildflusslandschaften Europas, wo europaweit mit die meisten Steinböcke über die Felsen klettern. Hier wanderst du auf romantischen Pfaden durch blühende Wiesen, duftende Auwälder, über Gestein und Kiesbetten. Dafür, dass die Wanderung ein nachhaltiges Abenteuer wird, sorgen fünf Tourismusverbände entlang der Wanderroute. Als Verein Lechweg fördern sie nachhaltige Mobilität und autofreie Anreise, Handwerksprodukte aus der Region oder Projekte zur Müllvermeidung. Mit einer guten Kondition schaffst du den 125 km langen Weg in sieben Etappen. Wenn's etwas gemütlicher sein soll, plan einfach zehn Tage mit zwei Tagen Pause ein. Und genieß ganz in Ruhe die alpine Landschaft mit ihren seltenen Kräutern, klaren Seen, mit Hängebrücken, Bergdörfern und Königsschlössern. Und wenn Weitwandern doch nicht so dein Ding ist, kein Problem: Acht tolle Rundtouren warten nur darauf, einen halben oder ganzen Tag lang von dir entdeckt zu werden. Außerdem fahren die Busse fast parallel zum Lechweg. Leiwand!

to do

1 Ab ins Wildwasser
Jetzt wird's wyld! In der Schlucht bei Warth erlebst du den Lech hautnah. Wirf dich in die schäumenden Fluten – natürlich nur mit geprüftem Guide und Schutzkleidung. Infos auf www.nature-adventure.at, www.alpine-passion.at oder www.alpinschulewidderstein.com

2 So schmeckt der Lechweg
Wie wär's mit einem **INSIDER TIPP** Stück Lechweg für zu Hause? Kauf dir die „Chrommi Chämmiwürza" (luftgetrocknete Biowurst mit Bergthymian, Brennnesseln und Beeren) oder den „Beerigen Lechtler" (Heumilchkäse mit Preisel- und Heidelbeeren).

3 Naturkraft tanken
Im Kneippkurort Füssen kannst du die müden Wanderfüße abkühlen und gleichzeitig was für die Gesundheit tun: Fitnessparcours und Wassertretbecken finden sich hier in schöner Umgebung, zum Beispiel die schwimmende Kneipp-Insel im Hopfensee.

to see

4 Burgenwelt Ehrenberg
Superspannender Abstecher in die Ritterzeit. Ruine Ehrenberg und Festung Klause (tolles Museum!) katapultieren dich ins Mittelalter. Ganz in der Nähe führt in 114 m Höhe eine 400 m lange Hängebrücke übers Tal zum Fort Claudia – atemberaubend!

5 Baumkronenweg
Leicht wie eine Feldlerche über die österreichisch-deutsche Grenze schweben. Das geht! Und zwar auf dem rund 20 m hohen und 480 m langen Baumkronenweg Ziegelwies in Füssen. Mit einer mega Aussicht auf Wipfel, Gipfel und den türkisen Lech.

6 Königsschlösser
Schneeweiß thront Neuschwanstein vor den Gipfeln, als hätte es Ludwig II. für Insta inszeniert. Für seine Zeit war das Königsschloss topmodern: mit WCs und Zentralheizung. Rund 40 Gehminuten entfernt liegt das elterliche Schloss Hohenschwangau.

LECHWEG

Bundesländer: Vorarlberg (A), Tirol (A), Bayern (D)
Anreise: Mit dem Zug nach Langen am Arlberg, dann mit dem Landbus nach Lech
Vor Ort unterwegs: Im Sommer fahren regelmäßig (Wander-)Busse: www.vvt.at, www.bahn.de und www.thetrainline.com.
Mehr Infos: www.lechweg.com. Wandere nur bei gutem Wetter; Bergrettung Notruf 112

		€€€
JAN	JUL	
FEB	AUG	
MÄR	SEP	€€
APR	OKT	
MAI	NOV	
JUN	DEZ	€

BESTE REISEZEIT　　**BUDGET SKALA**

406 m lang ist die Seilhängebrücke highline179, auf der sich in schwindelerregender Höhe bis zu 500 Menschen gleichzeitig gruseln können.

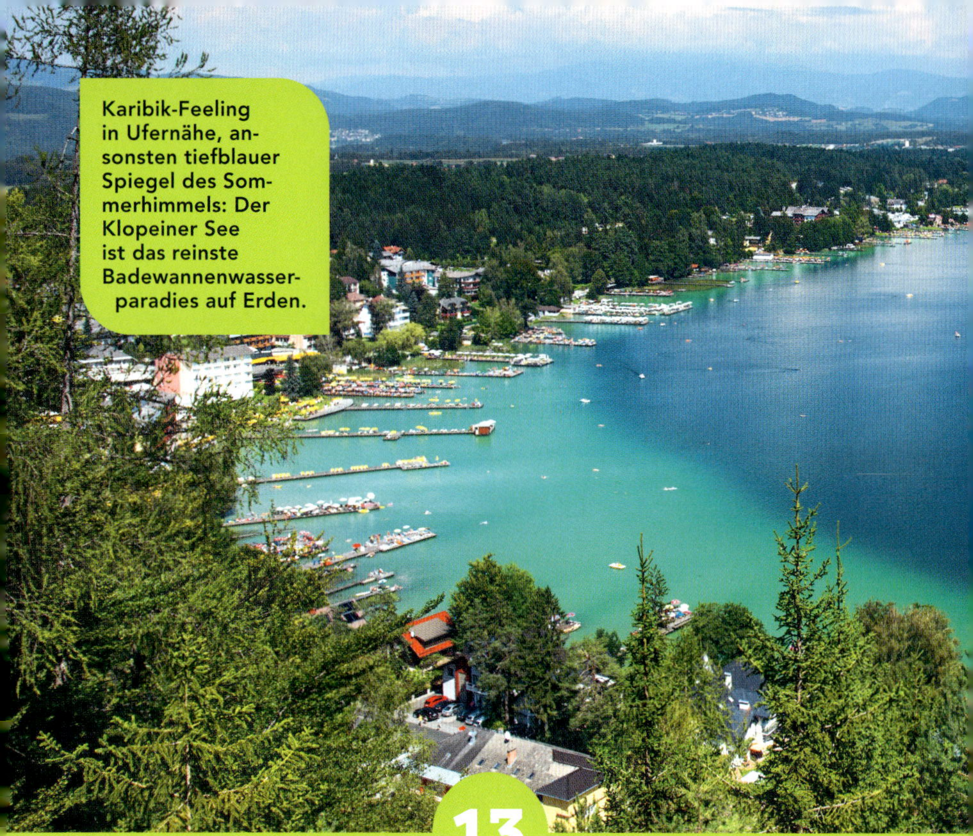

13

KLOPEINER SEE

Sieben Badeseen verleihen Süd- und Ostkärnten einen Hauch von Adria. Auch wenn die Region ein (Familien)urlaubsklassiker ist, lohnt die Entdeckung neuer Angebote.

Europa-Rekord! Der Klopeiner See in Kärnten ist der wohl wärmste See des Kontinents. Das nacheiszeitliche Gewässer bringt es im Juli und August auf unglaubliche 28 °C. Deshalb herrscht dort im Sommer fast so viel Baderummel wie an der Adria. Manche Gäste besuchen schon seit Jahrzehnten „ihren" Camping Nord in St. Kanzian. Um zu angeln, zu schwimmen, zu entspannen, zu wandern. Die Region zwischen Karawanken und Lavanttal in Süd- und Ostkärnten setzt auf Altbewährtes, hat aber auch viel Neues zu bieten: Auf der Petzen etwa, bei der Bergstation der Kabinenbahn auf 1700 m, haben vor Kurzem ein Panoramarestaurant und das interaktive Besucherzentrum des Karawanken Unesco Global Geopark eröffnet. Das Lesachtal wiederum, das naturbelassenste Tal Europas, setzt auf sanften Tourismus im urigen Bergsteigerdorf gleichen Namens und wurde gemeinsam mit dem Gailtal zur weltweit ersten Slow-Food-Travel-Destination. Am Klopeiner See selbst bringt ein neues Badehaus eine Tradition aus dem 19. Jh. zurück: die Sommerfrische. Dabei entschleunigst du in herrlichem Ambiente direkt am Wasser.

to do

1 Kraftorte spüren
Er rauscht und versprüht mächtig seine Wasserenergie. Mitten im Wald, unterhalb des Hochobir-Gipfels, **INSIDER TIPP** fällt der Wildensteiner Wasserfall 54 m in die Tiefe. Direkt daneben lädt ein Hochseilgarten zum Rutschen, Klettern und Balancieren ein.

2 Abenteuer erleben
Naturwunder, so weit das Auge reicht: Zum 1067 km² großen Karawanken Unesco Global Geopark gehören fünf slowenische und neun österreichische Gemeinden. Das neue Besucherzentrum Geo.Dom auf der Petzen führt dich ins Abenteuerland.

3 Sommerfrische genießen
Während am Klopeiner See im Sommer die Post abgeht, ist es am nahen Turnersee ruhiger und beschaulicher. Abwechslung bieten insgesamt sechs Strandbäder, und von der 1000 m² großen Liegewiese des Gemeindebads am Nordufer hast du herrliche Bergblicke.

to see

4 Kärnten.Museum
Rund 30 km vom Klopeiner See entfernt strahlt das Haus in frischem Glanz: Das Landesmuseum in Klagenfurt wurde 2022 für 16 Mio. Euro komplett erneuert. Hier werden dir die Natur Kärntens und seine kulturhistorischen Meilensteine nahegebracht.

5 Obir-Tropfsteinhöhlen
Es wird kalt in der Welt der bizarren Grotten und Stollen – bei 8 °C solltest du dich warm anziehen. Aber die farbige Inszenierung der 200 Mio. Jahre alten Unterwelt ist es unbedingt wert. Darauf ein sechs Monate in der Höhle gelagertes Höhlenbier!

6 Restaurant „oben"
Okay, echte Alpenfans würden auf die Petzen hochschnaufen, aber mit der Bergbahn bist du in 15 Minuten flott auf 1700 m Seehöhe. Dort erwartet dich das Panoramarestaurant zur zünftigen Einkehr, von Hüttenjause bis Kaiserschmarrn. Und mit einem Superblick.

● ● ● ● ● **K L O P E I N E R   S E E** ● ● ● ● ● ● ● ● ● ● ● ● ● ● ● ● ● ●

Bundesland: Kärnten, Österreich
Anreise: Flixbus von München oder IC von Wien nach Klagenfurt, dann mit dem Bus nach St. Kanzian (www.flixbus.de, www.oebb.at)
Vor Ort unterwegs: Mit dem ÖBB-Regionalzug, dem Postbus (www.postbus.at) und dem Bahnhofsshuttle (www.bahnhofshuttle kaernten.at)
Mehr Infos: www.suedkaernten.at

		€€€
JAN	JUL	
FEB	AUG	
MÄR	SEP	€€
APR	OKT	
MAI	NOV	
JUN	DEZ	€

BESTE REISEZEIT **BUDGET SKALA**

Auch wenn die Sonne scheint: Auf einer Tour zum Wildensteiner Wasserfall sollte die Regenjacke dabei sein – denn es wird feucht!

Fake oder echt? Echt! Auf dem autofreien Luisenplatz haben sich Stadtplaner mit Vorliebe für die Farbe Rot ausgetobt. Aus der Vogelperspektive wirken Straßenbahnen und Busse wie Spielzeuge.

Diese Stadt steht wohl bei keinem ganz oben auf der Bucket-List. Schlau ist, wer trotzdem hinfährt. Die Mathildenhöhe als neues Unesco-Weltkulturerbe ist nämlich nur eines der überraschenden Highlights.

DARMSTADT

14

Google mal Darmstadt, und du kommst aus dem Staunen nicht mehr heraus: Erste Wissenschaftsstadt Deutschlands (1997). Digitalstadt mit exzellentem Internet und Gratis-Wifi. Zukunftsstadt (2015–2019). Mehr als 20 Forschungsinstitute, von den Fraunhofer- und Helmholtz-Instituten bis hin zum Forschungszentrum für Künstliche Intelligenz. Viele Busse fahren elektrisch, ab 2024 kommen autonome Bullis hinzu. Nach der Stadt wurden das chemische Element „Darmstadtium" und ein Planet benannt. Cool, oder? Finden auch die rund 160 000 Einwohner:innen. Jede:r Vierte studiert. In den wissensintensiven Industrien und den Dienstleistungsunternehmen arbeiten viele Hochqualifizierte. Im Ludwigshöhviertel entsteht gerade ein völlig neues Quartier. Warum die Stadt so viele Grünflächen hat? Darmstadt war Residenzstadt. Ins Schloss sind 2023 Teile der Uni eingezogen. Auch an Kultur mangelt es nicht. Das Stadttheater wird 2024 umfassend saniert wiedereröffnet, und die „Stadtkrone" genannte Mathildenhöhe war schon vor 100 Jahren eine Künstlerkolonie; seit 2021 gehört sie zum Unesco-Weltkulturerbe. Stärken kannst du dich zwischendurch im Sushi-Lokal Shokudo, das auf der Internorga 2022 zum schönsten Restaurant Deutschlands gekürt wurde. Entworfen hat es das Darmstädter Architektenpaar Haerlin-Lautenschläger, das auch Tim Mälzers Restaurant Bullerei in Hamburg und den Frankfurter Technoclub Cocoon gestaltete.

to do

1 Tor zum Weltraum

Im Europaviertel liegt das Raumflugkontrollzentrum (ESOC) der europäischen Weltraumorganisation ESA. Ein paar Hundert Meter weiter ist EUMETSAT zuständig für die Wettersatelliten. Beide bringen in Führungen die faszinierende Welt der Satelliten näher. Anmeldung erforderlich!

2 Future History Tour

Darmstadt wurde im Zweiten Weltkrieg zu 80 % zerstört. Entdecke die einstige Pracht der Residenzstadt: Lade dir die App Future History auf dein Smartphone, lasse dich durch die Innenstadt treiben und vergleiche damals und heute!

3 Baden gehen

Im Sommer kühlst du dich ab in der Großen Woog, einem fast 6 ha großen Naturbadesee nahe der City. Die beiden Freibäder sind von Mitte Mai bis Mitte September geöffnet. **INSIDER TIPP** Ganzjährig badest du im Jugendstilbad mit Saunalandschaft, auch bei Kerzenschein und bis Mitternacht.

to see

4 Mathildenhöhe

Seit 2021 gehört die Künstlerkolonie (1899–1914) zum Unesco-Weltkulturerbe – wegen ihrer experimentellen Architektur: zukunftsweisende Wohnhäuser, der 48,50 m hohe „Hochzeitsturm", das jahrelang sanierte Ausstellungshaus und eine russisch-orthodoxe Kirche. 2024 entsteht ein Besucherzentrum.

5 Hundertwasserhaus

Fast noch schöner als das Wiener Original ist das exzentrische Bauwerk des österreichischen Künstlers Friedensreich Hundertwasser. Die zwei- bis zwölfstöckige „Waldspirale" ist in Erdtönen bemalt und hat goldene Zwiebeltürme. Das Dach ist mit Linden, Buchen und Ahornbäumen bepflanzt.

6 Darmstadtium

Das neue Wahrzeichen der Wissenschaftsstadt, 2007 vom Wiener Architekten Talik Chalabi erbaut, ist ein Hingucker. Ins futuristische, nachhaltig zertifizierte Kongresszentrum sind Reste der Stadtmauer integriert.

DARMSTADT

Bundesland: Hessen
Einwohner: 160 000
Anreise: Vom Hauptbahnhof bist du in 10 Minuten in der Innenstadt. Mit dem Auto geht's über die A5 oder A67.
Vor Ort unterwegs: Zu Fuß. Die Buslinie M fährt zur Mathildenhöhe, mit Stopps an der Künstlerkolonie und am Jugendstilbad.
Mehr Infos: www.darmstadt-tourismus.de

		€€€
JAN	JUL	
FEB	AUG	
MÄR	SEP	€€
APR	OKT	
MAI	NOV	
JUN	DEZ	€

BESTE REISEZEIT **BUDGET SKALA**

Das Hundertwasserhaus ist kein Luxusobjekt, sondern wurde 2000 vom Bauverein Darmstadt errichtet. Die 105 Wohnungen sind individuell geschnitten, jedes der 1000 Fenster ist ein Unikat.

15

INSEL POEL

Vor der Küste zwischen Wismar und Rostock
liegt eine noch unentdeckte Urlaubsperle:
Das Ostseebad Poel bietet entspannte
Strände, Wassersport-Action – und jede
Menge Platz.

Macht keine große Welle: Der idyllische Hafen Timmendorf auf der Insel Poel ist auch unter Freizeitkapitänen noch ein Geheimtipp.

W ie jetzt? Der Timmendorfer Strand soll noch unentdeckt sein? Nee, nicht die bekannte Gemeinde in Schleswig-Holstein, sondern der gleichnamige Strand auf Poel in Mecklenburg-Vorpommern. Die Ostsee-Insel ist bei vielen noch ein weißer Fleck auf der Urlaubskarte – weshalb sich ein Besuch besonders lohnt. Insider lieben den ursprünglichen Charme der rund 35 km² großen Insel, die überschaubar statt überfüllt ist: zwei Leuchttürme, drei größere Häfen, vier Strände, viele Boote und Jachten, Wellen und noch mehr Entspannung. Statt in anonymen Bettenburgen übernachten Gäste in kleinen Pensionen, reetgedeckten Ferienhäusern oder auf dem Campingplatz „Leuchtturm" mit Meerblick. Und das Beste: Das gechillte Ostseebad liegt lediglich 50 km von der Landeshauptstadt Schwerin entfernt. Autofrei kommt man bequem mit dem Zug nach Wismar und von dort mit dem Bus über den Damm auf die Insel. Ihr Zentrum ist Kirchdorf, das man schon von Weitem an der hübschen Backsteinkirche erkennt. Deshalb: Tschüs, ihr Publikumsmagneten Usedom und Rügen. Und Hallo, Poel!

to do

1 Im Dünenglück
Perfekte Strandtage, ganz ohne Sardinengefühl. Das gelingt prima an den Badeplätzen Timmendorf Strand, Schwarzer Busch und Gollwitz. Textilfrei ist im Süden der Insel angesagt, nahe dem Naturschutzgebiet am Fauler See – sehr idyllisch und sonnig bis zum Abend.

2 Einmal rundherum
Poel kannst du wunderbar erwandern oder mit dem (geliehenen) Rad entdecken. Zu heiß? Dann setz dich doch in einen klimatisierten Kleinbus. **INSIDER TIPP** Ab Kirchdorf Hafen geht's in 90 Minuten gemütlich einmal rund um die Insel. Fahrplan unter www.wismar-bus-touristik.de.

3 Über die Wellen fliegen
Mit Lenkdrachen und Board übers Wasser zu zischen, ist einfach genial. Egal, ob du Neuling bist oder ein paar Kniffe von den Profis lernen möchtest – die Kiteschule beim Campingplatz in Timmendorf macht dich fit. Saison ist von April bis Oktober.

to see

4 Hafen Timmendorf
Ja, es ist kitschig. Aber sooo schön! Die farbenprächtigen Sonnenuntergänge genießt du am besten mit einem Sundowner und einem Fischbrötchen am Hafen Timmendorf. Dann muss nur noch der Leuchtturm seine Signale übers Meer senden. Hach, sooo romantisch!

5 Langenwerder
Vor dem Gollwitzer Strand liegt Langenwerder. Die Insel ist für Neugierige tabu. Sie gehört Küstenseeschwalben, Sturmmöwen & Co. Nur außerhalb der Brutzeit und im Rahmen einer gebuchten Führung darfst du das Vogelparadies betreten. Es lohnt sich! Infos: kurverwaltung@insel-poel.de

6 Schaugarten Malchow
Die Hochschule Wismar hat einen frei zugänglichen Schaugarten in Malchow angelegt. Dort forschen Studis zu Biotechnologie und nachwachsenden Rohstoffen. Neben Gewürz-, Heil- und Färberpflanzen blühen hier auch Sommerblumen und Stauden.

•••• INSEL POEL ••••••••••••••••••••••••

Bundesland: Mecklenburg-Vorpommern
Einwohner: 2500
Anreise: Mit der Regionalbahn zur Unesco-Welterbestadt Wismar. Von dort weiter mit dem Bus oder Schiff
Vor Ort unterwegs: Mit (Leih-)Fahrrädern oder Linienbus: www.sb-verkehrsbetriebe.de
Mehr Infos: Einen Einblick in die Geschichte gibt's im Inselmuseum: www.insel-poel.de

€€€

JAN	JUL
FEB	AUG
MÄR	SEP
APR	OKT
MAI	NOV
JUN	DEZ

€€

€

BESTE REISEZEIT   BUDGET SKALA

Perfekte Strandtage, ganz ohne Sardinengefühl

Ein Bild purer Ostseeferienstimmung, wie es sie schon immer gab: blauer Himmel, weißer Sand und ikonische Strandkörbe.

15

X

EUROPA

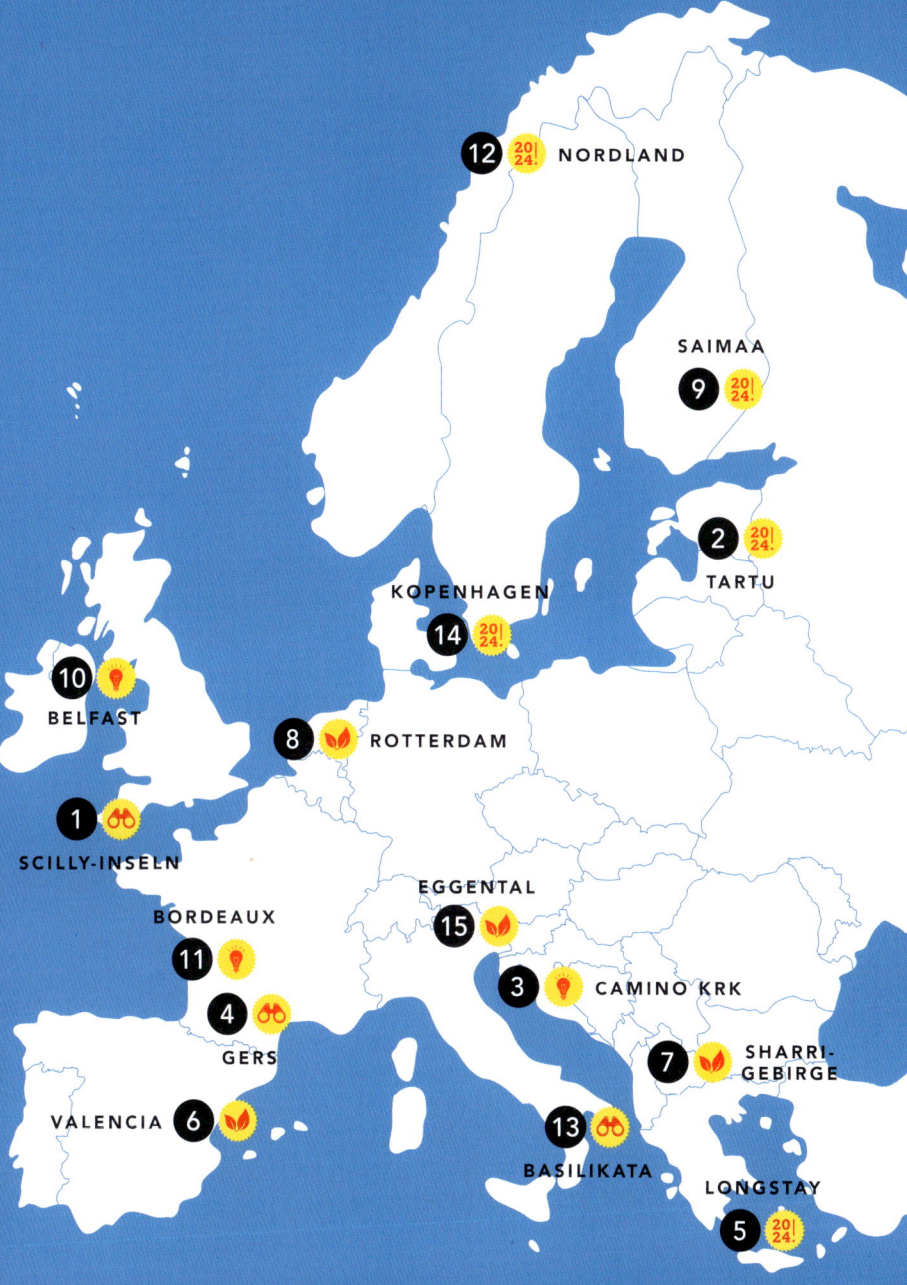

12 20|24! NORDLAND

SAIMAA

9 20|24!

2 20|24! TARTU

KOPENHAGEN

14 20|24!

10 BELFAST

8 ROTTERDAM

1 SCILLY-INSELN

EGGENTAL

15

3 CAMINO KRK

BORDEAUX

11

4 GERS

7 SHARRI-GEBIRGE

VALENCIA **6**

13 BASILIKATA

LONGSTAY

5 20|24!

An der Ostküste der Insel Tresco hast du beste Chancen, einen der feinen Sandstrände und das flache Badewasser ganz für dich allein zu haben.

Nie gehört? Kein Wunder, denn irgendwie hat es der vom Golfstrom verwöhnte Archipel geschafft, ein Geheimtipp zu bleiben. So schöne wie menschenleere Strände findest du sonst kaum in Europa.

SCILLY-INSELN

1

Spätestens seit Rosamunde Pilcher sind Cornwall und Devon im englischen Südwesten fest in touristischer Hand. Steigst du aber dort auf die Fähre, geht es ab auf die Scillys: 50 km vor der Küste kommen die 140 rauen, ursprünglichen Inseln in Sicht. Nur fünf sind bewohnt; die meisten der 2100 Einwohner:innen leben in Hugh Town auf der Hauptinsel St. Mary's. Hier ticken die Uhren anders und alles ist ein paar Nummern kleiner. Die kleinste Fußballliga der Welt besteht aus zwei Teams, die sich den einzigen Fußballplatz teilen. Ereignis des Jahres sind die World Pilot Gig Championships, ein Ruderwettbewerb am Bank-Holiday-Wochenende im Mai. Und der Vogelzug im Oktober ist ein Fest für Hobby-Ornitholog:innen. Kleine Fähren schippern zweimal am Tag rüber zu den größeren „Off Islands" mit rauer Felsküste. Es gibt typisch britische Pubs und ein paar Restaurants, in denen du frischen Fisch, Hummer und Krabben bekommst. Schlemmen kannst du auch Mitte September auf dem zehntägigen Taste of Scilly Food Festival. Die weißen Strände haben echtes Traumstrandpotenzial, allerdings sorgt das Wasser des Atlantiks trotz des milden Klimas garantiert für Abkühlung.

Nur fünf der 140 Inseln sind bewohnt

to do

1 Die Insel umrunden

Ein 17 km langer Küstenwanderweg führt einmal rund um St. Mary's. Die Ausblicke sind phänomenal; du passierst den Leuchtturm, alte Festungsanlagen und Stätten aus der Bronzezeit. An den Stränden kannst du immer mal wieder die Füße ins Wasser stecken.

2 Low Tide Event

Zweimal im Jahr (im April und September) fällt die Meerenge zwischen Bryher und Tresco trocken. Dann wird die Sandbank zur Partylocation mit Livemusik. An flugs aufgebauten Ständen kriegst du Fisch, Hummer und lokale Drinks.

3 Raus aufs Wasser

Die flachen Buchten sind ideal, um gemütlich im Kajak oder auf dem SUP-Board über das Wasser zu paddeln. Der neueste Trend sind Pedalboards, auf denen du auch stehst, aber nicht paddelst, sondern in die Pedale trittst. Sportskanonen können beim Segeln und Windsurfen eine Schippe drauflegen.

to see

4 Tresco Abbey Garden

Einer der schönsten Gärten Englands erwartet dich auf Tresco. Rund um die Ruinen eines einstigen Benediktinerklosters wachsen 2500 Pflanzenarten, die frühere Besitzer von Reisen in alle Welt mitgebracht haben. Spooky sind die 30 Galionsfiguren, die von Schiffswracks stammen.

5 Troytown Farm

Auf St. Agnes kommst du am hausgemachten Eis der kleinsten Molkerei Englands nicht vorbei! Bei 30 Sorten hast du die Qual der Wahl. Auf dem Farmgelände kannst du in Glockenzelten oder Ferienwohnungen übernachten.

6 Fish & Chips mit Schwipps

Frischer geht's nicht: Adam Morton ist Fischer, und sein Bruder baut die Kartoffeln an. Im Adam's Fish & Chips in Higher Town auf St. Martin's kommt beides auf deinen Teller. **INSIDER TIPP** Nebenan kannst du auf dem St. Martin's Vineyard durch den Weinberg stromern und Wein, Apfelsaft und Brombeerlikör probieren.

SCILLY-INSELN

Land: England, Vereinigtes Königreich
Sprache: Englisch, Kornisch
Einwohner: 2100
Währung: Britisches Pfund
Anreise: Gemächlich mit der Fähre ab Penzance (3 Std.) oder fix und mit tollem Ausblick per Flieger ab Land's End, Newquay oder Exeter
Mehr Infos: www.visitislesofscilly.com

	€€€
JAN JUL	
FEB AUG	
MÄR SEP	€€
APR OKT	
MAI NOV	
JUN DEZ	€

BESTE REISEZEIT   **BUDGET SKALA**

Hugh Town auf St. Mary's ist mit seinen 1100 Einwohnern die „Metropole" der Scillys. Proppenvoll wird's zum Ruderrennen Anfang Mai.

In den Abbey Gardens auf Tresco spazierst du durch subtropische Gärten, die um die Ruinen einer Benediktinerabtei angelegt wurden.

2

TARTU

Nachdem 2011 Tallinn europäische Kulturhauptstadt war, folgt 2024 Tartu. Ein guter
Grund für eine Stippvisite in der zweitgrößten estnischen Stadt, in die jede Menge
Studierende Leben bringen.

20|
24.

Kein Zweifel: Tartu freut sich über den Titel „Kulturhauptstadt 2024". Die knallrote Hashtag-Selfie-Station prangt seit 2019 auf dem Rathausplatz.

tell dir eine Studentenstadt vor, mit einer Künstlerszene, einem Mix aus restaurierter Altstadt, skandinavischen Holzhäusern, supermoderner Architektur und vielen Ausgehmöglichkeiten – wortwörtlich, denn alles ist fußläufig! Das ist Tartu. Das einstige Dorpat war mal in schwedischer, deutscher und russischer Hand, gehörte zur Hanse und später zum Sowjetreich. Die 1632 gegründete Universität besitzt einen hervorragenden Ruf, und überhaupt ist Tartu das geistige Zentrum des Landes. Die Unesco hat es 2015 zur Literaturstadt ernannt. Stadt und Uni setzen auf Nachhaltigkeit: mit Biogas-Bussen und Radleihsystem, wobei viele Tartuer ohnehin zu Fuß unterwegs sind. Ausruhen kannst du dich am Emajogi-Fluss oder in den *Kohviks* wie dem Café Werner, bekannt für seine Sahnetorten. Zu bieder? Dann entdecke Tartus schräge Seite: Geh ins Wissenschaftszentrum AHHAA, ins Eiszeit-Zentrum oder ins „umgedrehte Haus". Oder komm zum Tartu-Marathon im Februar. Laufschuhe brauchst du nicht, denn die 63 km lange Strecke wird auf Langlaufskiern zurückgelegt. Kannst du mithalten?

to do

to see

1 Bunte Wohnviertel
Typisch estnisch sind Wohnstraßen mit Holzhäusern. Supilinn („Suppenstadt") ist ein alternatives Viertel mit bunt bemalten Häusern. In Karlova sind die Häuser schick saniert und man trinkt das Bier im gemütlichen Barlova. Was liegt dir eher?

2 Mit Kreativen abhängen
So gehört sich das: Auf einem alten Fabrikgelände ist das Aparaaditehas Treffpunkt für Kreative und Hipster, mit coolen Geschäften und Lokalen, Start-ups, Werkstätten und Galerien. Vielleicht findet ja gerade ein Flohmarkt, ein Konzert oder eine Party statt? **INSIDER TIPP** Stylisch und lecker essen kannst du im Restaurant Aparaat; es gibt immer ein Tagesgericht.

3 Zusammen anstoßen
Magst du bodenständiges Essen, Bier aus Krügen und zünftiges Ambiente? Im Püssirohukelder („Schießpulverkeller") sitzen Tourist:innen und Student:innen Schulter an Schulter auf den Bierbänken des 300 Jahre alten Gewölbekellers. *Terviseks!*

4 Estnisches Nationalmuseum
Klingt schnarch, ist aber bombastisch! Das 350 m lange Beton-Glas-Gebäude wurde 2016 auf einem stillgelegten Militärflugplatz aus Sowjetzeiten gebaut. Die Ausstellungen beginnen in der Bronzezeit, während die Architektur den Aufbruch in eine neue Zeit symbolisiert.

5 Rathausplatz
Der herausgeputzte Platz ist ein echtes Schmuckstück! Rathaus, Wohn- und Geschäftshäuser wurden im klassizistischen Stil gebaut, nachdem die Stadt 1775 größtenteils niedergebrannt war. Echt schräg: das Schiefe Haus. Modernes Wahrzeichen ist die Brunnenskulptur „Küssende Studenten".

6 Sport- und Olympia-Museum
Wer hätte gedacht, dass Estlands olympische Goldmedaillen vom Judo, Rudern, Degenfechten und Skilanglauf stammen? Mehr siehst du im 2020 modernisierten Museum mit der imposanten Estonian Sports Hall of Fame und interaktiven Stationen.

• • • • • **TARTU** ▸ •

Land: Estland
Sprache: Estnisch
Einwohner: 100 000
Anreise: Am einfachsten mit Finnair via Helsinki nach Tartu. Alternativ nach Riga oder Tallinn fliegen und mit dem Bus in 2,5 bzw. 5 Stunden nach Tartu, ab Tallinn auch mit dem Schnellzug.
Mehr Infos: https://visittartu.com

€€€

JAN	JUL
FEB	AUG
MÄR	SEP
APR	OKT
MAI	NOV
JUN	DEZ

€€

€

BESTE   BUDGET
REISEZEIT   SKALA

Symbol für den Aufbruch in eine neue Zeit

Zurück in die Zukunft: Kein Ufo, sondern das Estnische Nationalmuseum. Fun Fact: Museumsdirektor Alar Karis ist seit 2021 Präsident Estlands.

3

CAMINO KRK

150 km in sieben Tagen: In der Kvarner Bucht wird nicht nur gebadet, sondern immer öfter auch gewandert. Noch sind Reisende auf dem neuen Pilgerweg rund um die kroatische Insel Krk allein auf weiter Flur.

Traumhafte Aussichten: An der Ostküste der kroatischen Insel führt der Pilgerweg über steinige Pfade und belohnt Wanderer mit Weitblick.

Pilgern wollen heute irgendwie alle. Einfach mal den Kopf freibekommen und die eigenen Grenzen ausloten. Eine echte Alternative zu überfüllten Jakobswegen ist der neue Camino Krk. Er umrundet die Insel auf gut ausgeschilderten Pfaden, und abseits der Urlaubsorte hast du den Weg noch ganz für dich. Von ein paar Schafen mal abgesehen. Los geht's im quirligen Krk, und schon bald spazierst du durch schattige Olivenhaine zu einsamen Buchten. Sieben Tage lang heißt es jeden Morgen: Rucksack packen, Wanderstiefel schnüren und die Insel neu entde-

cken. Stempel für den Pilgerpass gibt es in Klöstern, Kirchen oder an Denkmälern, und wenn es zu warm wird, springst du einfach ins Meer. Mittags gibt es frischen Fisch im Hafen, den Abend beschließt du beim Sundowner am Strand. Die letzten Etappen führen durch karge Karstlandschaften. Als Belohnung winken erfrischender *Žlahtina* in Vrbnik und ein Traumstrand in Baška. Lass die Hotels auf deiner Tour links liegen und quartier dich in Tiny Houses auf Campingplätzen oder bei gastfreundlichen Kroat:innen ein. Worauf wartest du noch? Der Weg ist dein Ziel!

to do

1 Wine-Tasting mit Ausblick

Du willst kroatisches Sommerfeeling pur? Dann gönn dir ein Glas kühlen *Žlahtina* in der mittelalterlichen Hügelstadt Vrbnik. Die Einheimischen lieben ihren trockenen Weißwein und bestellen die handgemachte Pasta *Šurlice* dazu. Den besten Ausblick gibt's von der Terrasse der Weinbar Nada in Vrbnik.

2 Ab aufs Brett!

Lust auf einen Perspektivwechsel? Dann schnapp dir ein SUP-Board und paddel mit erfahrenen Guides entlang der Ostküste zu versteckten Höhlen und einsamen Stränden. Für Einsteiger:innen ist die für ihren Heilschlamm bekannte Bucht von Soline das passende Revier.

3 Relaxen am Traumstrand

Wer den ganzen Tag wandert, darf auch mal abhängen. Besonders schön sind die Strände nördlich von Stara Baška, die zum Teil nur per Boot erreichbar sind. Sandstrände locken in Risika oder Šilo nördlich von Vrbnik. Sonnenschirm nicht vergessen!

to see

4 Altstadt von Krk

Türme, Kirchen und Paläste satt! Das verspricht die Frankopanenstadt Krk, in der jede Epoche ihre Spuren hinterlassen hat. **INSIDER TIPP** ==Cocktails und Livemusik gibt's hinter der Stadtmauer im The Secret Garden.==

5 Biserujka-Höhle

Abkühlung gefällig? Im kargen Osten der Insel bei Rudine punktet die 111 m lange Perlenhöhle am Camino Krk mit erfrischenden Temperaturen und riesigen Tropfsteinen. Halte die Augen offen: Der namensgebende Schmuggler-Schatz muss noch entdeckt werden.

6 Klosterinsel Košljun

Du hast das Pilgerziel schon vor Augen, aber trotzdem solltest du am letzten Tag noch auf das winzige Inselchen vor der Luxus-Marina in Punat übersetzen. Die Franziskaner fühlen sich in ihrem Kloster mit hübscher Renaissancekirche schon seit dem 15. Jh. wohl, die 550 registrierten Pflanzen- und Pilzarten deutlich länger.

• • • • • **CAMINO KRK** •

Land: Kroatien
Sprache: Kroatisch
Einwohner: 18 000
Anreise: Auf der Schiene mit dem Nightjet von Stuttgart und München nach Rijeka, weiter geht es per Bus. Mit dem Auto fährst du durch Österreich und Slowenien (mautpflichtig).
Mehr Infos: www.kvarner.hr

		€€€
JAN	JUL	
FEB	AUG	
MÄR	SEP	€€
APR	OKT	
MAI	NOV	
JUN	DEZ	€

BESTE REISEZEIT **BUDGET SKALA**

Etappenziel er-
reicht, ab in die
blauen Fluten!
Jeden Abend laden
Strände und Buchten
zum erfrischenden
Bad im kristallklaren
Wasser.

Wer den ganzen Tag wandert, darf auch mal abhängen

Schönheitspreis: Lavardens zählt zu den „plus beaux villages de France". Die Silhouette des kleinen Dörfchens wird von Château und Kirche bestimmt.

Die „Toskana Frankreichs" mit dem unscheinbaren Namen kennt keinen Massentourismus, die Lebensart ist langsam und genussreich. Die Heimat des Musketiers D'Artagnan ist ein wahres Schlaraffenland.

GERS

4

Was ist das für ein weißer Fleck zwischen Aquitaine, Garonne und den Pyrenäen, der sowohl zur Gascogne als auch zu Okzitanien gehört? Selbst eingefleischte Südfrankreichfans übersehen die dünn besiedelte Gegend westlich von Toulouse. Zu Unrecht! Aber gut für dich, um Frankreich mal von einer ganz ursprünglichen Seite kennenzulernen. Du reist durch eine friedvolle Landschaft mit Weinbergen, Getreide- und Sonnenblumenfeldern, Obstplantagen und hübschen Mittelalterstädtchen. Festungen, Klöster und Kirchen erzählen von einer wechselvollen und kriegerischen Vergangenheit. Einige liegen entlang des Jakobswegs nach Santiago de Compostela, wie die Bistumsstädte Auch und (ja!) Condom oder das „Klein-Carcassonne" genannte Larressingle. In Lavardens kannst du das Schloss besichtigen, in Lupiac dreht sich alles um den Comte D'Artagnan, einen der drei Musketiere, deren Geschichte gerade opulent neu verfilmt wurde. Auch in puncto Genuss muss sich das Gers nicht verstecken, vor allem wenn du es deftig magst: Schlemm dich die Karte rauf und runter mit köstlichen Gerichten von Ente und Gans, Eintöpfen, Wildpilzen, Bohnen und Kastanien.

Frankreich mal ganz ursprünglich

to do

1 Ab auf den Jakobsweg

Pilgern wie Gott in Frankreich: Die Via Tolosana führt durch die Bistumsstadt Auch, die Via Podiensis durch La Romieu. Die Wege sind meist flach, und allerorts findest du einfache, günstige Herbergen. **INSIDER TIPP** Um mehr zu sehen, kannst du dich aufs Rad schwingen. Der Weg ist das Ziel!

2 Armagnac

Nach der Traubenlese öffnen die Weingüter ihre Keller für Verkostungen zwischen den Eichenfässern, in denen der Armagnac mindestens ein Jahr reift. „La Flamme de l'Armagnac" findet meist von Ende Oktober bis Ende November statt, mit Livemusik und Dinner-Events.

3 Musik lauschen

Liebst du Jazz, Blues und R'n'B? Dann auf zu „Jazz in Marciac", einem der größten Jazzfestivals Europas. Im Juli und August finden zweieinhalb Wochen lang jeden Abend Konzerte statt. Das Wetter spielt nicht mit? Kein Problem, das temporäre Konzerthallen-Zelt hat 6000 Sitzplätze.

to see

4 Die Kathedrale von Auch

Nach knapp 200 Jahren Bauzeit wurde Sainte-Marie d'Auch im Jahr 1680 fertig und ist damit eine der „neuesten" Kathedralen Frankreichs. Alles relativ, oder? Der Chor mit 1500 Holzfiguren und die 18 Buntglasfenster suchen ihresgleichen.

5 La Romieu

In La Romieu liefert die gotische Stiftskirche Saint-Pierre Fotomotive im Überfluss: Kreuzgänge mit Arkadenbögen, Gartenanlagen, Fresken aus dem 14. Jh. und den Ausblick vom Belvedere-Turm. Und was hat es mit den vielen Katzenfiguren im Village des Chats auf sich? Die Legende der Katzenfrau erfährst du vor Ort.

6 Steinreich

Aller guten Dinge sind vier: Die übrigen zwei Unesco-Welterbestätten im Gers liegen nur 20 Autominuten voneinander entfernt. Das Zisterzienserkloster Abbaye de Flaran und die Überreste einer römischen Luxusvilla in Seviac mit kunstvollen Mosaikfußböden.

GERS

Land: Frankreich
Sprache: Französisch, Gaskognisch
Einwohner: 190 000
Anreise: Mit der Bahn fährst du über Paris und weiter mit dem TGV bis Toulouse (ab Frankfurt bist du in 10 Std. da). Von Toulouse geht es per Bahn oder Bus z. B. bis nach Auch.
Mehr Infos: www.tourisme-gers.com

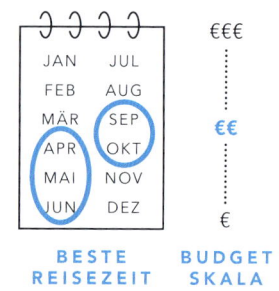

	€€€
JAN JUL	
FEB AUG	
MÄR SEP	€€
APR OKT	
MAI NOV	
JUN DEZ	€

BESTE REISEZEIT BUDGET SKALA

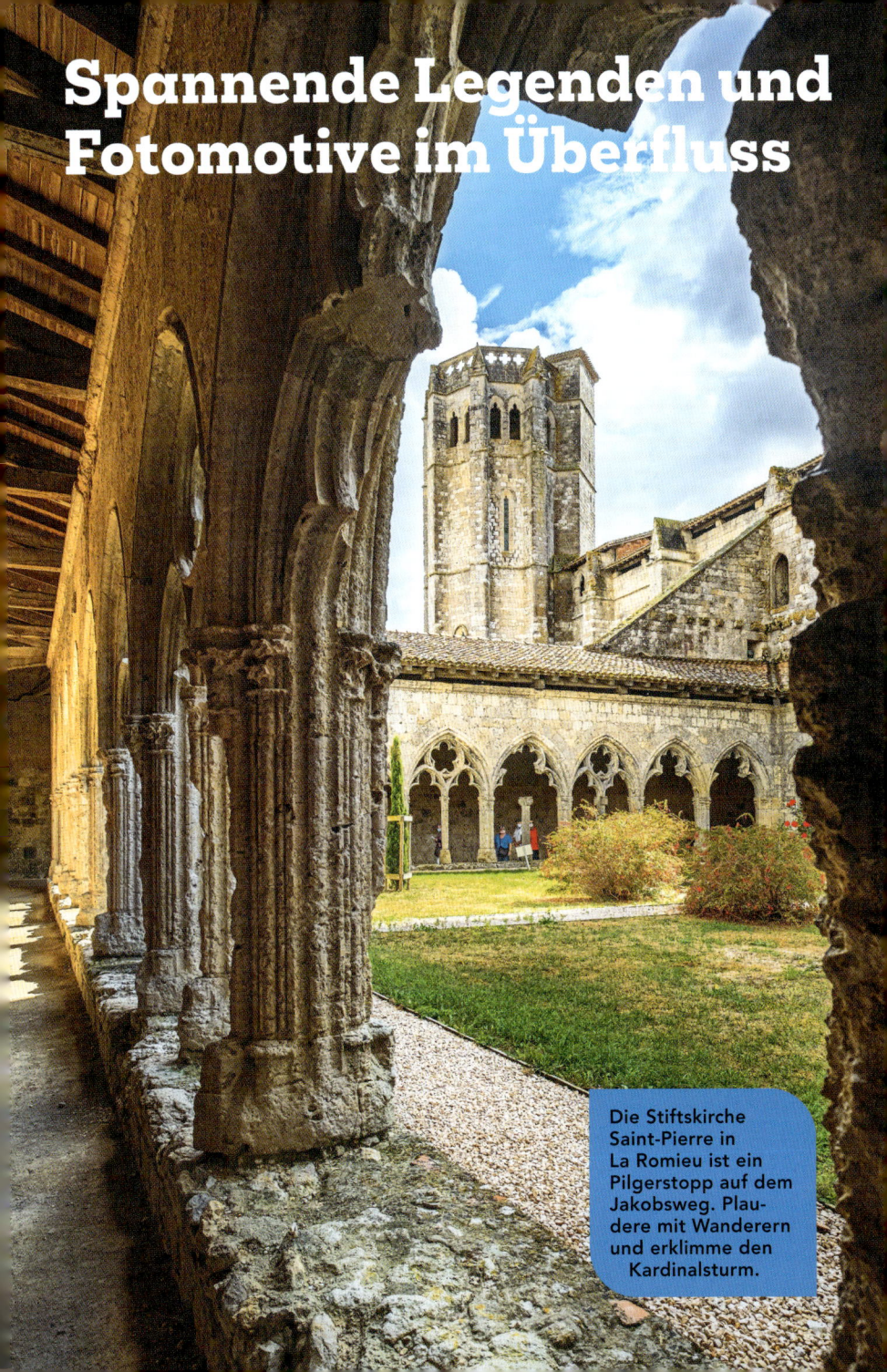

Spannende Legenden und Fotomotive im Überfluss

Die Stiftskirche Saint-Pierre in La Romieu ist ein Pilgerstopp auf dem Jakobsweg. Plaudere mit Wanderern und erklimme den Kardinalsturm.

Und zur Erholung schweift der Blick einfach mal übers Meer: Ein Workation-Arbeitsplatz im sonnigen Süden bietet im besten Fall traumhafte Aussichten.

Der Trend, eine Zeit lang fernab von zu Hause zu arbeiten, wird von der Digitalisierung befeuert. Und ein Ende der Lust auf Workation-Trips ist nicht abzusehen.

TREND: LONGSTAY

5

Es müssen ja nicht gleich über 30 Jahre sein. So lange residierte nämlich die Modeschöpferin Coco Chanel im Hotel Ritz in Paris. Aber ein paar Wochen oder Monate schon: Je besser in den letzten Jahren die Internetanbindung weltweit wurde, desto mehr wurde es zum Trend, mobil zu arbeiten und im Hotel oder in einem Serviced Apartment zu wohnen. Der Lifestyle-Begriff „digitale Nomaden" ist fast schon etwas abgegriffen, sogenannte Long-Term-Workations sind es aber nicht. Und die Tendenz? Kein Ende des Booms in Sicht. Die Coronapandemie hat die Entwicklung beschleunigt, das Büro in Form von Handy und Laptop mit auf Reisen an (zumeist südliche oder tropische) Traumziele zu nehmen. Die Anga-

ben, wie viele digitale Nomad:innen es gibt, schwanken stark, Experten gehen von bis zu 35 Mio. vor allem jungen Menschen in ihren Dreißigern aus. In Umfragen geben die meisten von ihnen den Wunsch nach Freiheit, Flexibilität und einer guten Work-Life-Balance als Motivation für die Workation – ein Kunstbegriff aus *work* (Arbeit) und *vacation* (Urlaub) – an. Fehlende soziale Kontakte und das mitunter nicht ganz einfache Managen von Arbeit und Reisen stehen dem entgegen. In einem sind sich die Psycholog:innen jedenfalls einig: Wer schon im Home Office Motivationsprobleme hatte, wird dies erst recht mit einem verlockenden Strand vor der Nase erleben. Eine 40-Stunden-Woche ist nämlich auch dort die Regel.

top spots

1 Griechische Inseln
Diese Woche auf Kreta, nächste Woche auf Rhodos – oder doch auf eine der kleineren Inseln? Dank Satellitenverbindungen gibt es praktisch überall Internetanschluss, wenn auch nicht immer superschnell. Dem gegenüber steht die große Vielfalt der griechischen Inselwelt, die sich flott per Fähre erschließen lässt.

2 Amsterdam, Niederlande
Entspannt und hip geht's zwischen Radwegen und Grachten, prächtigen Giebelhäusern und tollen Museen zu. In Sachen Coworking-Spaces hat die Stadt viel zu bieten. Nachteil: Das Leben ist teuer – nichts für Workation-Anfänger:innen.

3 Tallin, Estland
Wo, wenn nicht hier? In Estland gibt's ein Recht auf Internet, entsprechend schnell und gut ausgebaut ist das Netz. Die Lebenshaltungskosten sind niedrig, die meisten Est:innen sprechen Englisch, und die Sommertage sind lang – den Winter kannst du ja dann im Süden verbringen.

4 Barcelona, Spanien
Entscheidest du dich für die katalonische Hauptstadt, ist vermutlich die größte Herausforderung, nicht im wilden Nachtleben zu versacken. Coworking-Spaces gibt es viele, dazu eine lebendige Digitalszene. Und dann auch noch diese Strände ...

5 Krakau, Polen
In der kleinen Stadt im südlichen Polen ist das Leben günstig, das Internet schnell und das Essen köstlich. Dazu kommen eine wundervolle historische Atmosphäre und ein quirliges Nachtleben. Krakau entwickelt sich zu einem der attraktivsten Ziele digitaler Nomad:innen in Europa.

6 Madeira, Portugal
Das erste Digital Nomad Village der Welt entstand in Ponta do Sol auf der Atlantikinsel. Zum Angebot gehören **INSIDER TIPP▶** ein Gratis-Coworking-Space mitsamt High-Speed-Internet. Außerdem gibt es viele weitere Angebote speziell für digitale Nomad:innen, darunter auch günstige Wohnungen.

•••• **LONGSTAY** ••••••••••••••••••••••••••••••••

Workation in Europa: EU-Angehörige können in jedem EU-Land 90 Tage lang ohne Anmeldung leben und arbeiten. Viele Länder wie Portugal, Malta, Kroatien oder Griechenland haben Sonderregelungen eingeführt, die sie für Digitalnomad:innen attraktiv machen sollen. Themen wie Auslandskrankenversicherung, Einreisebestimmungen oder Kreditkarten musst du vor der Abreise klären.

		€€€
JAN	JUL	
FEB	AUG	
MÄR	SEP	€€
APR	OKT	
MAI	NOV	
JUN	DEZ	€

BESTE REISEZEIT　**BUDGET SKALA**

Eintauchen in ein anderes Leben in einer fremden Stadt wie Amsterdam: Digitale Nomaden lieben im Joballtag Freiheit und Abwechslung.

Entspannt und hip zwischen Radwegen und Grachten

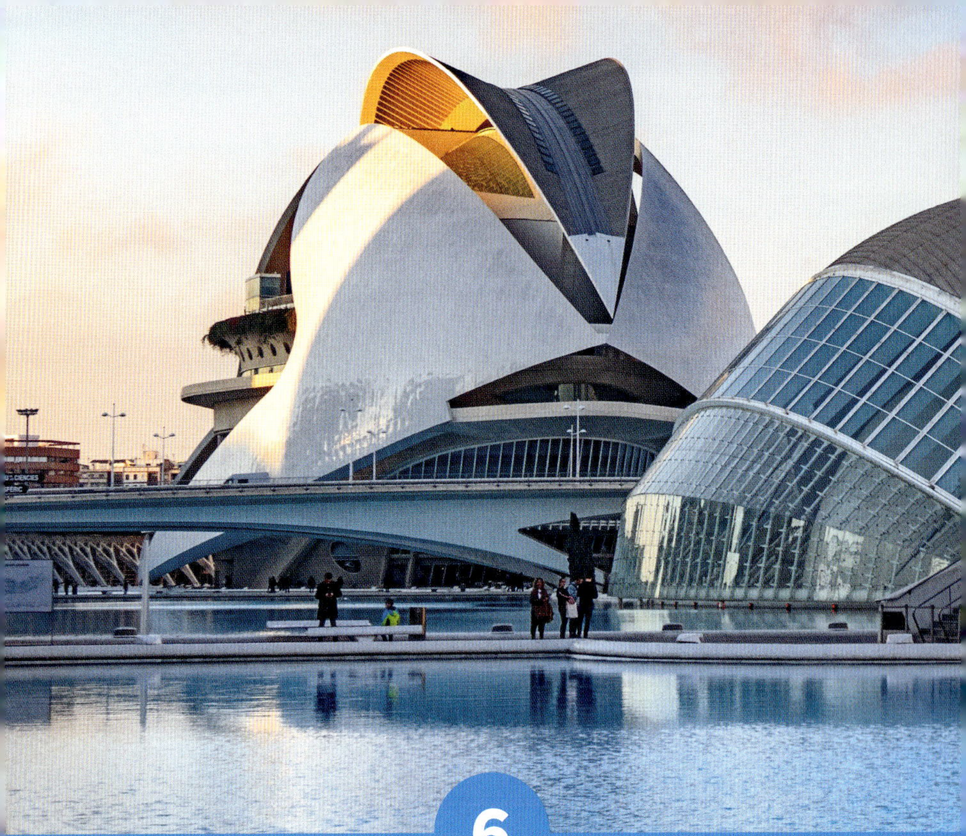

6

VALENCIA

Valencia braucht sich wahrlich nicht hinter
Madrid und Barcelona zu verstecken und
hat auch in Sachen Digitalisierung und Nachhaltigkeit die Nase vorn. Mach dich auf in
die European Green Capital 2024!

Raumschiff oder Rieseninsekt? In jedem Fall ist die Museumsmeile Ciudad de las Artes y las Ciencias ein Mustsee. Hier kannst du locker einen ganzen Tag verbringen.

Madrid ist dir irgendwie zu groß und Barcelona findest du toll, aber zu voll? Dann guck mal 350 km die Küste runter. Valencia überrascht an jeder Ecke mit reizvollen Gegensätzen, aber erst so langsam spricht sich rum, was Spaniens drittgrößte Stadt alles zu bieten hat: In der Altstadt erwarten dich prächtige Plätze und Paläste, die Kathedrale, die Stierkampfarena und tolle Museen. Die Seidenbörse gehört zum Unesco-Welterbe. Auf der anderen Seite das futuristische Wahrzeichen der Stadt: die schneeweiße Ciudad de las Artes y las Ciencias.

Fußballfans haben gute Chancen, an Tickets zu kommen; der FC Valencia spielt in der ersten Liga. Am Jachthafen beginnt der 4 km lange Stadtstrand. Bei 300 Sonnentagen im Jahr möchtest du sicher mal ins Meer hüpfen, vor allem wenn du den ganzen Tag zu Fuß oder mit dem Rad unterwegs bist. Und nicht nur du: Valencia schickt sich an, bis 2025 eine klimaneutrale Urlaubsdestination zu werden. Es setzt auf smarte Mobilität, viel Grün und kreative digitale Lösungen. Die EU hat Valencia 2022 zur European Capital of Smart Cities ernannt und zur Green Capital 2024.

to do

1 Stadt der Zukunft

Die Ciudad de las Artes y las Ciencias ist ein cooler Komplex aus Wissenschaftsmuseum, Konzerthalle, IMAX-Kino und dem größten Meereszoo Europas mit tollen Außenanlagen. **INSIDER TIPP** Die Gebäude sind umgeben von flachen, türkisfarbenen Wasserbecken. Du kannst darin mit dem Ruderboot, Kajak oder Wasserfahrrad herumkurven.

2 Radeln im Grüngürtel

Mitten durch die Stadt ziehen sich die Jardines del Turia. Das ausgetrocknete Flussbett ist heute ein 9 km langer Grüngürtel mit Wiesen, Sportplätzen, Spazier- und Radwegen. Schnapp dir ein Rad und los geht's!

3 Kulinarisch durch den Tag

Teile dir den Tag gut ein, um alle Köstlichkeiten mitzunehmen: morgens Croissant und *Café con leche*, mittags ein *Menú del día* (Tagesmenü), am frühen Abend ein paar Tapas mit einem Gläschen Wein und – ganz spanisch – das Abendessen frühestens um 21 Uhr.

to see

4 Ruzafa

Die Hipster von Valencia leben in Ruzafa. Das trendige Viertel mit bunt renovierten Wohnhäusern und Wandmalereien hat tolle Straßencafés, Coworking-Spaces, Boutiquen, Küchen aus aller Welt, Mikrobrauereien, Galerien und Clubs.

5 Mercat Central

Das ist Europas größter Obst- und Gemüsemarkt: Für die sage und schreibe 1200 Stände der Jugendstil-Markthalle solltest du dir viel Zeit nehmen. Gut, dass sie täglich (außer sonntags) geöffnet hat. Gönn dir zwischendurch Tapas an der Central Bar!

6 Fallas-Fest

Für die einen ist es einfach ein megalautes Frühlingsfest – für die 150 000 Mitglieder der Fallas-Vereine ist es ein traditionsreicher und kunstvoller Straßenkarneval, bei dem riesige Pappfiguren mit Pyrotechnik und imposantem Geknalle verbrannt werden. Klingt gut? Dann trag dir schon mal den 15.–19. März 2024 in den Kalender ein.

VALENCIA

Land: Spanien
Sprache: Spanisch, Valencianisch
Einwohner: 840 000
Anreise: In 3 Stunden bist du mit dem Flieger unten, mit Eurowings, easyJet, Ryanair, Lufthansa, Austrian oder Swiss. Die Route wird ganzjährig von vielen Flughäfen bedient (viel mehr Flüge im Sommer).
Mehr Infos: www.visitvalencia.com

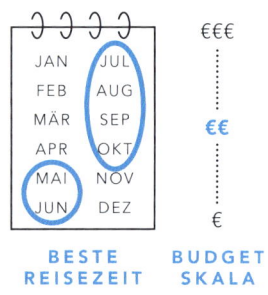

€€€
JAN   JUL
FEB   AUG
MÄR   SEP
APR   OKT   €€
MAI   NOV
JUN   DEZ
€

BESTE REISEZEIT   **BUDGET SKALA**

Pyrotechnik mit imposantem Geknalle

Zum knallbunten Fallas-Fest lassen es die Valencianer so richtig krachen. Partyprofis erkennt man daran, dass sie auch Ohrstöpsel griffbereit haben.

Der Schnee fällt spät, aber nicht zu knapp: Auch für Winter- und Schneeschuhwandern sowie Ski-Touring ist das Sharri gut.

7

SHARRI-GEBIRGE

Zwischen Prizren (Kosovo) und Tetovo (Nord-mazedonien) liegen die Höhenzüge des Sharri. Es gehört zu den bestgehüteten Geheimnissen des Balkans, wird aber gegen-wärtig über Wanderwege erschlossen.

Bis auf über 2700 m ragt der Sharri-Gebirgsstock auf, ein sagenhafter Nationalpark und doch weitgehend unbekannt. Der gesamte Landstrich ist bis heute multiethnisch geprägt: Bosnische Dörfer liegen oberhalb des kosovarischen Prizren, albanische sind es auf nordmazedonischer Seite. Noch finden kaum Tourist:innen in das Gebirge. Allein Prizren steht – als historisches und kulturelles Zentrum des Amselfeldes – auf der Liste der internationalen Backpackergemeinde, aber nicht als Ausgangspunkt zu Hochgebirgstouren. Eine eingeschworene Gruppe von Outdoor-Enthusiasten dies- und jenseits der Grenze arbeitet daran, dass sich das ändert. Weil die Trails jene Einsamkeit und Wildheit bieten, nach der man sich andernorts sehnt. Und weil jede:r Besucher:in und jede Übernachtung dazu beitragen, den Locals ein Auskommen zu verschaffen und das Leben in den Bergdörfern zu halten. Auch deshalb wurde der Eröffnung des High Scardus Trail quer durch den Gebirgszug entgegengefiebert und die Wiederbelebung des alten Handelspfades nach Tetovo gefeiert: Europa ist um ein grenzüberschreitendes Wandergebiet reicher!

to do

to see

1 Weitwandern

Auf 20 Etappen verläuft der High Scardus Trail vom Ohridsee bis durchs Sharri – landschaftlich einmalig und als bestes Tourismusprojekt Europas ausgezeichnet. Nicht weniger spektakulär ist der Pfad von Lubinje ins nordmazedonische Vejtse, der in einem Tag zu schaffen ist.

2 Balkanküche

Egal wo du einkehrst, die Qualität stimmt immer. Unterwegs versorgst du dich in der *Qebaptore* – im Imbiss: Einträchtig liegen slawische *Pljeskavica* und albanische *Qofte* nebeneinander auf dem Grill. **INSIDER TIPP** Ganz traditionell geht's in Prizrens Hani i vjetër zu, ein echtes Erlebnis!

3 Auf die Hochebene

Südlich von Brod ist das Nichts die Attraktion: In dem Hochtal mit seinen Grasbergen wähnst du dich fast in der Inneren Mongolei! Die Hochebene von Dragash liegt noch im Kosovo und ist muslimisch geprägt, wird aber von den slawischsprachigen Goran:innen bewohnt.

4 Bunte Moschee

Die Bunte Moschee in Tetovo ist eines von vielen Baudenkmälern aus osmanischer Zeit und ein besonders farbenfrohes – 500 Jahre alte Arabesken zieren sie innen und außen! Außerhalb der Gebetszeiten kannst du das Gotteshaus besichtigen, Schuhe einfach vor dem Eingang deponieren.

5 Am Fluss entlang

Prizrens Herz schlägt am Lumbardhi-Fluss. Die Cafés um die alte Steinbrücke sind der Treffpunkt der zweitgrößten Stadt des Kosovo. Am linken Flussufer verlaufen Fußwege bis über die Stadtgrenze hinaus zu Ausflugslokalen und einem serbischen Klosterheiligtum in der Schlucht.

6 Prevalla

Das Dorf Prevalla besteht zum Großteil aus Wochenendhäusern und Lokalen und ist, auf 1500 m gelegen, den Kosovar:innen ein Fluchtpunkt vor der Sommerhitze. Es liegt nur 30 km von Prizren entfernt auf einer Passhöhe inmitten eines Bergpanoramas, das man gesehen haben muss.

• • • • • S H A R R I - G E B I R G E • • • • • • • • • • • • • • • • • •

Länder: Kosovo und Nordmazedonien
Sprache: Hauptsächlich Albanisch, Bosnisch und Nordmazedonisch
Währung: Euro (Kosovo) und Denar (Nordmazedonien)
Anreise: Über die Flughäfen und Busbahnhöfe von Skopje und Pristina
Mehr Infos: www.sharriecotour.weebly.com, www.high-scardus-trail.com

JAN	JUL	€€€
FEB	AUG	
MÄR	SEP	€€
APR	OKT	
MAI	NOV	
JUN	DEZ	€

BESTE   BUDGET
REISEZEIT   SKALA

Minarette und bunte Arabesken

Innen wie außen farbenfroh: die Bunte Moschee in Tetovo. Minarette bestimmen in der Sharri-Region beiderseits der Grenze die Stadtbilder.

Bienen summen, Spinat und essbare Blüten sprießen, Lavendel setzt farbige Akzente: Der DakAkker lässt eine nachhaltige Stadt wachsen.

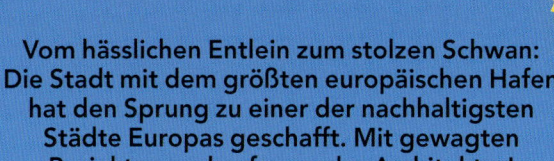

**Vom hässlichen Entlein zum stolzen Schwan:
Die Stadt mit dem größten europäischen Hafen
hat den Sprung zu einer der nachhaltigsten
Städte Europas geschafft. Mit gewagten
Projekten und aufregender Architektur!**

ROTTERDAM

8

Grachten- und Hausbootidylle wie in Amsterdam sucht man hier (fast) vergebens, dafür ist die zweitgrößte niederländische Stadt multikulturell und lebendig, überrascht mit spannenden Innovationen wie schwimmenden Häusern – 1000 sollen es bis 2040 sein –, einer Floating Farm mitsamt Kühen und dem Floating Office Rotterdam im Rijnhaven. Das größte schwimmende Bürogebäude aus Holz gilt als Musterbeispiel für resiliente Architektur, die sich an den Klimawandel anpassen kann. Mit Restaurant und Außenschwimmbad. Rund um den Rijnhaven entsteht ein neues Viertel mit der Fenix Food Factory und dem FENIX – Museum für Migration, das 2024 eröffnen soll. Im Hintergrund erhebt sich das Wolkenkratzer-Rotterdam, die auf ehemaligem Hafengelände entstandene Spielwiese für berühmte Architekt:innen, der die Stadt ihren Spitznamen „Manhattan an der Maas" verdankt. Neueste Errungenschaft im Museumspark ist das Depot Boijmans Van Beuningen, eine komplett verspiegelte „Salatschüssel". Das weltweit erste öffentlich zugängliche Kunstarchiv ist naturinklusiv gebaut, mit Dachgarten und Bäumen. Weit oben in 8 m Höhe führt der Luchtsingel durch die Lüfte, errichtet auf einem Ex-Viadukt, *urban nature* inklusive. Highlight: der DakAkker, die größte Rooftop-Farm Europas. Mit Gemüse, Kräutern, essbaren Blumen, Erdbeeren und Restaurant. *Welkom in Rotterdam!*

to do

to see

1 Raum für kreative Ideen
Wo früher im Badeparadies Tropicana geplanscht wurde, wird heute Zukunft gemacht: Das Pionierzentrum BlueCity entwickelt innovative Ideen in Sachen Kreislaufwirtschaft. Lust, den „Bioneers" über die Schulter zu schauen? Besuch die „Expedition Blue City", Workshops, die Kleidertausch-börse oder das Restaurant Aloha.

2 (E-)Mobil in der Stadt
Du willst möglichst viel von Rotterdam sehen? Die Apps Check oder GO Sharing machen es möglich. Leih dir ein E-Moped und entdecke die Stadt ganz nachhaltig. Einfach App downloaden und los geht's!

3 An Land und zu Wasser
Cool ist die Stadtrundfahrt mit dem knallgelben Amphibienbus von Splashtours: erst über Straßen, bis es „Splash!" macht und der Bus zum Boot wird. Du magst es lieber individuell? **INSIDER TIPP** Dann miete dir ein Kanu bei Kanoverhuur – relaxter kannst du Rotterdam kaum entdecken. Vielleicht sogar mit Picknickkorb?

4 Harbour Experience Center
Rotterdams Architektur ist spektakulär, auch die des nachhaltig gebauten, energieneutralen Hafen-Besucherzentrums, das 2024 eröffnen soll: mit fünf übereinandergestapelten, drehbaren Ausstellungsräumen. Freu dich auf eine geniale Rundumsicht: auf Dünen und Nordsee, Hafen und Stadt!

5 Markthal Rotterdam
Bist du Foodie und Architekturfan? Dann ist der 40 m hohe, aufgeschnittene „Hightech-Käse" ein Muss! Im fröhlich-quietschbunten Inneren der größten überdachten Markthalle der Niederlande kannst du dich von Stand zu Stand futtern.

6 Delfshaven
In Delfshaven wartet dann doch ein wenig Rotterdam-untypische Grachtenatmosphäre mit allem, was dazugehört: Hausbooten, alten Segelschiffen und Tjalken, historischen Zugbrücken, alten Speicherhäusern und restaurierten Kaufmannshäusern mit verzierten Giebeln.

• • • • ROTTERDAM • • • • • • • • • • • •

Land: Niederlande
Sprache: Niederländisch
Einwohner: 664 000
Anreise: Mit dem ICE oder Flixbus nach Utrecht, weiter per Bahn nach Rotterdam Centraal. Parkplätze in der Stadt sind teuer, Falschparken ebenfalls, nutze am besten einen der 15 kostenlosen P+R-Parkplätze.
Mehr Infos: en.rotterdam.info

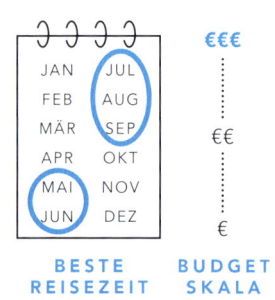

		€€€
JAN	JUL	
FEB	AUG	
MÄR	SEP	€€
APR	OKT	
MAI	NOV	
JUN	DEZ	€

BESTE REISEZEIT **BUDGET SKALA**

Der „Hightech-Käse" ist ein Muss

Ein Tipp für alle Sinne: die Markthal Rotterdam. Erst kannst du coole Architektur spotten, dann die Küchen der Welt genießen. „Eet smakelijk!"

Schaust du gern den Locals in die Töpfe? Ein einfaches Gericht zum Nachkochen ist *Lohikeitto* aus Lachs, Kartoffeln, Lauch, Möhren und Fischbrühe.

2024!

Im Land der tausend Seen ist einer der größte: der Saimaa. Mach's wie die Finn:innen und komm ins Seenland zum Kanufahren, Waldbaden und Genießen: Die Region ist European Region of Gastronomy 2024.

SAIMAA

9

Für Outdoorfans war Finnland schon immer eine Reise wert – jetzt ist es auch ein Geheimtipp für Foodies. Und zwar über die Spitzenrestaurants von Helsinki hinaus. Dein Ziel ist die Saimaa-Region, 250 km nordöstlich. Die Wälder und Seen bieten alles für eine köstliche regionale Küche. Fast immer auf den Teller kommt frischer Fisch wie Lachs, Zander, Felchen oder Hecht, geräuchert, gebraten, pochiert oder frittiert. Im Sommer mit Kartoffeln und Buttersoße, im Herbst und Winter mit Roggenbrot, Sauerrahm und Zwiebeln. Merken solltest du dir das Wort *Muikku*. Die Kleine Maräne ist gebraten das Lieblings-Fingerfood der Finn:innen. Probiere *Lörtsy* in Savonlinna, eine mit Fleisch oder Äpfeln gefüllte Teigtasche. Wenn du dich traust, kannst du im Wald Pilze, Wildkräuter und Wildbeeren sammeln. Blau-, Heidel-, Preisel- und Moltebeeren sind echtes Superfood, und frischer geht's nicht! Die Waldbeeren bekommst du auch in frisch gebackenen Pies und die Pilzsoße zu Wildgerichten. Und die Weinbegleitung? Beim „Wine in the Woods" wirst du mit allen Sinnen genießen. Du läufst barfuß durch den Wald, und auf einer Lichtung werden zu kleinen Häppchen fünf Weine kredenzt.

Frischer Fisch auf den Tisch!

to do

1 Sommerhaus am See

Miete dir mit ein paar Freund:innen eine Blockhütte am Seeufer mit Sauna, Feuerstelle und Ruderbooten am Steg. Über Airbnb findest du auch Tiny Houses, Glampingzelte und luxuriöse Hausboote.

2 Ins Lake Spa

Im Lake Spa im Nationalpark Linnansaari kannst du so richtig entspannen. Drei Pools heizen dir mit 31 °C, die Saunen mit bis zu bis 85 °C ein. **INSIDER TIPP** Genieße Wellness bei Kerzenschein und übernachte im Hotel Järvisydän im Cottage mit Glasdach unterm Sternenhimmel.

3 Arien hören

Im Juli pilgern Musikfans zur mittelalterlichen Burg Olavinlinna von 1475, um im Innenhof der „Zauberflöte" oder „Romeo und Julia" zu lauschen. Das Savonlinna Opernfest läuft den ganzen Monat und ist Finnlands meistbesuchtes Kulturfestival. Jedes Jahr treten auch ein oder zwei Rock- oder Popstars auf: 2023 waren das Samu Haber und Katie Melua.

to see

4 Ringelrobben

Durch die Jagd einst fast ausgerottet, leben nun wieder mehr als 400 Ringelrobben am Saimaa-See. Und die Population wächst weiter. Mit etwas Glück kannst du die verspielten Tiere beobachten: Am größten sind deine Chancen im Frühjahr und auf einer der „Seal"-Bootsafaris ab Savonlinna oder im Elektroboot ab Puumala.

5 Lichter der Nacht

Die Sommernächte sind extrem kurz, und in der Mitternachtssonne machen die Finnen die Nacht zum Tage. Mittsommer und das Sommerende werden am Lagerfeuer und im Kerzenschein begangen. Im Rest des Jahres steigen die Chancen, Nordlichter zu sehen – die Aurora borealis.

6 Kenkävero

Das rosa-weiße Zuckerbäckerhaus in traumhafter Uferlandschaft in Mikkeli gibt das perfekte Instagram-Motiv ab: Das ehemalige Pfarrhaus ist heute Restaurant, Bäckerei, Hochzeitslocation und Handwerksmarkt.

●●●● **S A I M A A** ●●●●●●●●●●●●●●●●●

Land: Finnland
Sprache: Finnisch
Anreise: Per Flieger nach Helsinki und weiter in 2–2,5 Std. mit dem Zug, Bus oder Mietwagen. Mit dem eigenen Auto, Van oder Wohnmobil bringt dich die Finnlines-Fähre von Travemünde nach Helsinki.
Mehr Infos: www.visitsaimaa.fi/de, www.visitlappeenranta.fi

		€€€
JAN	JUL	
FEB	AUG	
MÄR	SEP	€€
APR	OKT	
MAI	NOV	
JUN	DEZ	€

BESTE REISEZEIT   **BUDGET SKALA**

Komm ins Seenland zum Genießen!

Aufs Wasser schauen macht bekanntlich glücklich und beruhigt. In der riesigen Seenlandschaft kannst du dem Wasserblick gar nicht entkommen – Glück pur!

„Harland & Wolff" ist eines der vielen Murals in Belfast, zu sehen in der Ausgehmeile Hill Street im angesagten Cathedral Quarter.

Hast du „Belfast" gesehen? Der jüngst preisgekrönte Schwarz-Weiß-Film ist eine Hommage an Nordirlands Hauptstadt. Dabei ist die Stadt alles andere als farblos: dank ihrer Musikszene, der „Titanic" und natürlich „Game of Thrones".

BELFAST

10

Genau 35 Jahre ist es her, dass die Simple Minds sich nach Zeiten sehnten, „when the Belfast Child sings again". Heute spielt in Belfast längst wieder die Musik. In vielen Pubs treten irische Sänger:innen und Bands auf, mit Gitarre, Banjo, Geige, Flöte und Akkordeon. In Konzerthallen und auf den Straßen hörst du Rock, elektronische Beats und Dudelsack. Van Morrison, Snow Patrol und Stiff Little Fingers kommen von hier. Nashville ist Partnerstadt, und 2021 kürte die Unesco Belfast zur City of Music. Was viele nicht wissen: Belfast lebte mehr als vier Jahrhunderte lang vom Schiffbau, hier wurde die „Titanic" gebaut. Auf dem Gelände der Werft Harland & Wolff entsteht ein ganzes Titanic-Viertel mit Museum, Promenade, einer Uni und Hotels. Auch andere Gegenden sind im Wandel. Das einst heruntergekommene Cathedral Quarter mausert sich zum trendigen Ausgeh- und Künstlerviertel, wo abends immer was los ist! Trotzdem bleibt Belfast eine Stadt mit vielen Gesichtern, mit neobarocken, viktorianischen, brutalistisch-modernen und futuristischen Gebäuden, viel Public Art und Murals. Für Fans von „Game of Thrones" ist Nordirland längst ein Sehnsuchtsziel: Die Fantasy-Serie wurde an mehr als zwei Dutzend Orten gedreht, zu denen die Fans bis heute pilgern, um die Sieben Königslande und die Strände von Drachenstein zu entdecken. 2022 hat in Banbridge die offizielle Game of Thrones Studio Tour geöffnet, und das hat die Begeisterung der Fans neu befeuert.

to do

1 Pub Crawl
Kein Besuch auf der irischen Insel ist vollständig ohne das berühmteste Stout der Welt! Guinness und Livemusik erwarten dich in traditionellen Pubs (sie schließen meist um 23.30 Uhr!), Cocktails und DJs in den schicken Bars im angesagten Cathedral Quarter.

2 Black Cab Tour
Im typisch britischen schwarzen Taxi gehst du auf Spurensuche in einer Stadt, die 30 Jahre Bürgerkrieg erlebt hat. Die Fahrer:innen sind zugleich Guides und zeigen dir Murals, wichtige Orte des Nordirlandkonflikts, und die *peace walls*, die Friedenslinien.

3 Game of Thrones
Wirf einen Blick hinter die Kulissen der Sieben Königreiche: Bei der 2022 eröffneten Game of Thrones Studio Tour kommst du den Filmsets, Kostümen, Waffen und Masken so nah wie noch nie. **INSIDER TIPP** Nutze den praktischen Bustransfer von Belfast zu den 40 km südlich gelegenen Linen Mill Studios.

to see

4 Titanic Belfast
Wer ist nicht fasziniert von der „Titanic"? In dem bombastischen, futuristischen Bau erlebst du die tragische Geschichte des Schiffes. Plus Foto-Op: Du kannst sogar die berühmte Filmszene am Bug nachstellen! Nebenan begibst du dich auf die „SS Nomadic", das letzte noch existierende Schiff der White Star Line.

5 Rundumblick über die Stadt
Steige im Einkaufszentrum Victoria Square hinauf zur Aussichtsplattform im 45 m hohen, verglasten Dom – dann liegt dir die Stadt zu Füßen. Und das so oft du willst, denn der Eintritt ist frei. Donnerstags und freitags ist bis 21 Uhr geöffnet.

6 Marktbummel
Probier dich durch die Spezialitäten der irischen Küche. Auf dem St. George's Market bieten 200 Händler:innen neben Bio-Obst und -Gemüse hausgemachte Kost, Snacks, Kuchen und Kaffee an. Die viktorianische Markthalle hat freitags bis sonntags auf, samstags mit Livemusik.

BELFAST

Land: Nordirland, Vereinigtes Königreich
Sprache: Englisch, Irisch, Ulster-Scots
Einwohner: 650 000 (Großraum Belfast)
Währung: Britisches Pfund
Anreise: Am schnellsten mit Lufthansa von Frankfurt, sonst mit einmal Umsteigen. Oder günstig nach Dublin fliegen und weiter mit dem X1-Schnellbus (2 Std.).
Mehr Infos: www.visitbelfast.com

JAN	JUL	€€€
FEB	AUG	
MÄR	SEP	€€
APR	OKT	
MAI	NOV	
JUN	DEZ	€

BESTE REISEZEIT　　**BUDGET SKALA**

Wer ist nicht fasziniert von der „Titanic"?

Genau 100 Jahre nach dem Untergang eröffnete 2012 das Museum über die „Titanic". Optisch mutet es wie eine Mischung aus Schiffsbug und Eisberg an.

Lieblingslocation für eine kleine Pause: die Bar des Vedettes an der Place du Palais, einem der schönsten Plätze in der Altstadt von Bordeaux.

Bordeaux macht der französischen Hauptstadt mächtig Konkurrenz. Die Weinmetropole punktet nicht nur mit einer bildschönen, fast autofreien Altstadt, es gibt auch reihenweise Neues zu entdecken.

BORDEAUX

11

Einfach unwiderstehlich: Die Hauptstadt Aquitaniens hat vor allem durch die Öffnung zum Fluss hin ein völlig neues Gesicht bekommen. Die Umgestaltung des Garonne-Ufers vom Industriehafen zur grandiosen Promenade war ein echter Geniestreich. Abends werden die Rasenflächen zum beliebten Picknickplatz, am Fluss entlang sausen noch spät jede Menge Radfahrer:innen und Skater:innen vorbei. Effektvoll beleuchtet bilden die klassischen Häuserfassaden die prächtige Kulisse für einen unvergesslichen Sommerabend. Dahinter verstecken sich im Viertel Saint-Pierre gleich mehrere schöne Altstadtplätze mit hippen Cafés, Weinbars und Restaurants. Rund um den Altstadtkern mit Shoppingadressen für jeden Geldbeutel entsteht ein spannender Mix aus Alt und Neu: Hafen- und Industriebrachen verwandeln sich in moderne Wohnquartiere, Arbeiterviertel in angesagte Studenten- und Ausgehviertel. Geheimtipps sind hier Chartrons, La Bastide, Saint-Michel und Bacalan. In Letzterem entwickelte sich die Cité du Vin schnell zum neuen Wahrzeichen von Bordeaux. Jetzt entsteht mit dem Quartier Euratlantique ein ganzes Stadtviertel, für das Architekturstar Bjarne Ingels mit dem MÉCA beauftragt wurde, einem Kulturzentrum in spektakulärer Bogenform.

Ein Mix aus Alt und Neu

to do

1 Ein Dorf in der Stadt
Chartrons, einst Zentrum des Weinhandels, hat sich zum Szeneviertel entwickelt. Zwischen alten Antiquitätenläden sind ausgefallene Concept-Stores und alternative Bars zu entdecken. Zeitgenössische Kunst zeigt ein umfunktioniertes Lagerhaus, die Entrepots Lainé.

2 Multi-Kulti-Markt
Besonders an Markt- und Flohmarkttagen herrscht rund um den Marché des Capucins, auch „Les Capus", kosmopolitisches Flair. Das Viertel Saint-Michel verändert sich rasant, seit renoviert wird und selbst Pariser:innen nach Bordeaux ziehen.

3 Nachhaltig
Am anderen Garonne-Ufer war früher nichts los. Inzwischen verstecken sich im neuen Park am Flussufer entspannte Lokale mit tollem Blick auf die Altstadt. **INSIDER TIPP** Hotspot in La Bastide ist das Darwin. Die Kaserne Niel erhielt ein zweites Leben, und das ist grün – mit Urban Gardening und Recycling-Basar.

to see

4 Cité du Vin
Gleich zum Must-see aufgestiegen: die Cité du Vin. Die Bezeichnung Weinmuseum wird dem multimedialen, interaktiven Parcours kaum gerecht. Auf Leinwänden rauschen Weinberge aller Kontinente als grüne Symphonie vorbei, beim Gang durch die Weingeschichte von Bordeaux treten reale Personen ins Bildermosaik.

5 Miroir d'Eau
Vor der Place de la Bourse sorgt Wasser für einen Wow-Effekt und geniale Fotomotive. Besonders eindrucksvoll verdoppelt sich die beleuchtete Anlage am Garonne-Ufer im „Wasserspiegel" zur Abenddämmerung. Tagsüber toben an heißen Tagen Kinder durchs flache Wasser.

6 Kunst im Bunker
Ein gigantischer Betonklotz als coole Location für digitale Kunst: Die Base Sous-Marine, im Zweiten Weltkrieg als U-Boot-Bunker gebaut, bildet heute den spektakulären Rahmen für die beeindruckenden Lichtshows der Bassins des Lumières.

• • • • • B O R D E A U X •

Land: Frankreich
Sprache: Französisch
Einwohner: 260 000
Anreise: Mit dem Schnellzug nach Paris und ab Gare Montparnasse weiter in 2 Stunden. Direktflüge ab Basel, Düsseldorf, Frankfurt, Genf, Hamburg, München, Stuttgart, Zürich
Mehr Infos: www.bordeaux-tourismus.de, über die Weine: www.bordeaux.com/de

€€€

JAN	JUL
FEB	AUG
MÄR	SEP
APR	OKT
MAI	NOV
JUN	DEZ

€€

€

BESTE REISEZEIT **BUDGET SKALA**

Wasserspiegel mit Wow-Effekt

Schöne Pfütze:
Der Miroir d'Eau
vor der Place de
la Bourse ist ein
riesiger „Wasser-
spiegel" inmitten
der Gartenanlagen
am Garonne-Ufer.

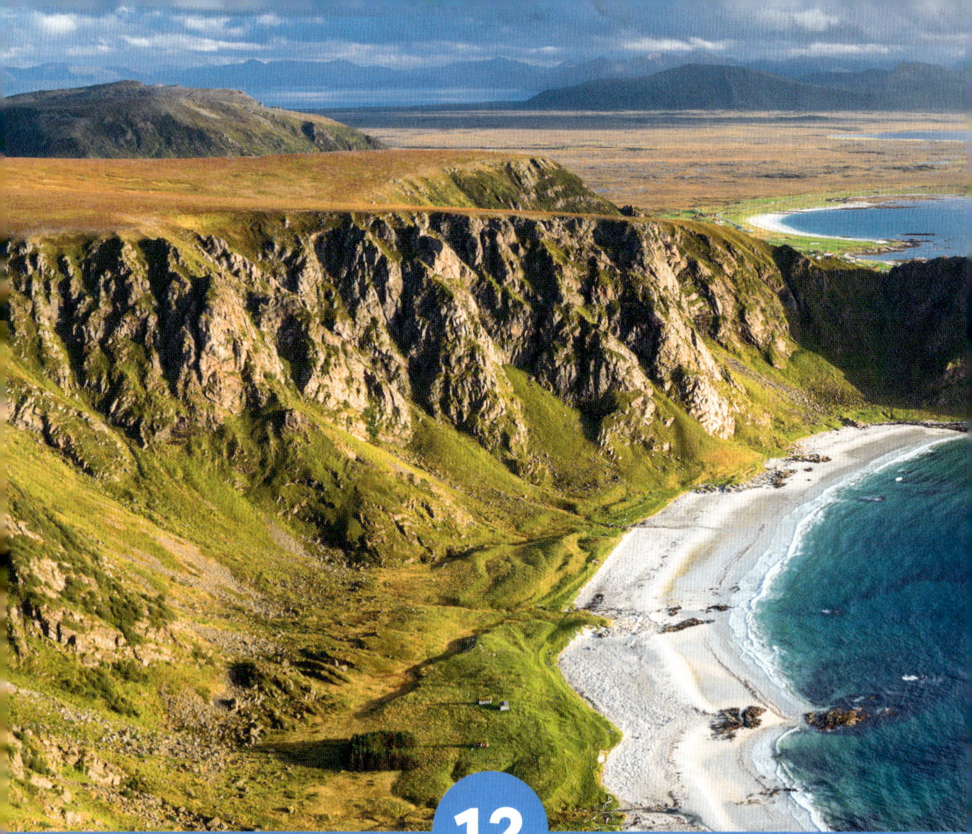

12

EUROPA

NORDLAND

Es geht in den hohen Norden Norwegens! Jenseits des Polarkreises erwarten dich Bodø, eine der drei europäischen Kulturhauptstädte 2024, und die Inseln der Vesterålen, die (noch) weniger besuchte Alternative zu den Lofoten.

20|24!

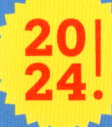

Sensationelle Aussichten wie die vom Gipfel des Måtind locken Hiker auf den Stave-Bleik-Küstenwanderweg auf der Insel Andøya.

Wie dünn besiedelt Nordland ist, lässt schon die größte Stadt der Region erahnen: Bodø, die selbst ernannte „Mini-Metropole des Nordens", hat gerade mal 43 000 Einwohner:innen. Tendenz steigend, denn Bodø hat sich enorm entwickelt und will zu einer emissionsneutralen Smart City werden. Lass dich einfach treiben, denn es gibt viel zu entdecken: die mittelalterliche Bodin-Kirche, das schmucke Handelsmuseum aus dem 19. Jh., die Kathedrale aus den 1950ern und das moderne Hafenviertel mit Konzerthalle und Bücherei.

2024 veranstaltet Bodø als Europäische Kulturhauptstadt 600 Events, wie Konzerte und Ausstellungen. Außerhalb der Stadt liegt Nordlands wilde Stube. Kurve über einsame Küstenstraßen zu Buchten und Dörfchen mit bunten Holzhäuschen. Noch einsamer wird es auf den Lofoten und den weniger bekannten Vesterålen. Hier ist die Natur der Star. Gewusst wo, siehst du Elche, Seeadler, Papageientaucher, Robben und jede Menge Wale. Der Hit sind Wanderungen in der Mitternachtssonne, und von September bis April hast du die besten Chancen auf Nordlichter.

to do

1 Whale Watching

In den Gewässern um Andenes sind Walsichtungen praktisch garantiert: Im Sommer tummeln sich hier Pottwale, in den kälteren Monaten siehst du Orcas und Buckelwale. **INSIDER TIPP** Nimm die Sommerfähre in den Gryllefjord (dein Fahrzeug kann mit), fahre rüber zur Brücke und genieße den Sonnenuntergang.

2 Camping mit Aussicht

Auf der Insel Andøya übernachtest du auf dem Campingplatz von Stave direkt am Strand. Aus den Jacuzzis hast du Meerblick! Mit etwas Glück hast du die spektakuläre Nachbarbucht Høyvika für dich, denn sie ist nur zu Fuß erreichbar.

3 Die Postschiffroute

Die fjordreiche Küste lässt du am besten vom Wasser aus auf dich wirken. Hurtigruten fährt nach Bodø und macht Stopps auf den Lofoten und Vesterålen. Es ist möglich, Teilstrecken zu buchen oder etwa von Bergen oder Oslo anzureisen, denn du kannst dein Auto mitnehmen.

to see

4 National Aviation Museum

In dem riesigen, von Bergen und Fjorden durchzogenen Land sorgt die Fluglinie Widerøe mit Sitz in Bodø für schnelle Verbindungen. Am Flughafen Bodø zeigt das National Aviation Museum, mit was für Wasserflugzeugen und Propellermaschinchen man früher unterwegs war! Würdest du da einsteigen?

5 Hurtigruten-Museum

Auf ins Hurtigruten-Museum: Stokmarknes ist die Heimat der Traditionslinie, die seit 1893 die Küstenorte verbindet. An Land liegt die „MS Finnmarken", die 2021 mit einem schicken Glasgebäude wetterfest gemacht wurde.

6 Wunschkonzert

Musikfans pilgern Anfang Juli zum Træna Festival auf die abgelegene Insel Husøya. Die Fähre ab Stokkvågen braucht vier Stopps, übernachtet wird in Zelten. Open-Air-Konzerte finden in dramatischen Schluchten und bei Kirchen statt. Schon mal einen Wald-Rave mitgemacht?

• • • • • **NORDLAND** •

Land: Norwegen
Sprache: Norwegisch
Einwohner: 250 000 (Provinz Nordland)
Währung: Norwegische Krone
Anreise: Die Autofähre bringt dich von Kiel nach Oslo, von dort fährst du 1200 km nach Bodø. Oder du fliegst mit Norwegian via Oslo nach Bodø, Andenes oder Harstad/Narvik.
Mehr Infos: www.visitnorway.com

€€€

JAN	JUL
FEB	AUG
MÄR	SEP
APR	OKT
MAI	NOV
JUN	DEZ

€€

€

BESTE REISEZEIT   **BUDGET SKALA**

Das war noch abenteuerlich: Seit den 1930ern versorgten die Junkers der Lufthansa und der grüne Ambulanzflieger Norwegens Küstenorte.

Würdest du da einsteigen?

13

BASILIKATA

„Kennst du das Land …" mit vier Natur-
parks, Bergen, sanften Hügeln, blauen Seen,
zwei Meeren und einer über 7000 Jahre alten Stadt? Wenn nicht, ist es höchste Zeit,
mit der süditalienischen Region Bekannt-
schaft zu machen.

Vogelperspektive im wahrsten Sinne: Beim Volo dell'Angelo erlebst du die Landschaft im Flug. Das Panorama von oben macht sprachlos!

Schon von der Basilikata gehört? Nein? Dabei liegt dort die drittälteste Stadt der Welt! Wirf mal einen Blick auf die Italienkarte, ganz unten an der Stiefelsohle zwischen Apulien, Kampanien und Kalabrien findest du sie. Die Basilikata ist perfekt für einen Aktivurlaub: Schwing dich aufs Rad und entdecke die einzigartige und ursprüngliche Hügellandschaft der Calanchi in der Nähe der Unesco-Welterbestätte Matera. Beim Wandern im größten Nationalpark Italiens, dem Pollino, solltest du die Augen offenhalten, denn hier kannst du viele Tiere und seltene Pflanzen entdecken, wie die uralte Panzerkiefer. Ein bisschen mehr Adrenalin darf es schon sein? Auch ohne Flughafen kannst du in der Basilikata fliegen: Beim Volo dell' Angelo saust du über ein Tal zwischen zwei Bergdörfern. Oder schwebe über eine mehr als 500 m lange Hängeseilbrücke. Wie wäre es mit Paragliding über dem Meer? Und danach einfach die Sonne am Strand genießen und ins Wasser springen. Nach so viel Action belohnt die regionale Küche den hungrigen Magen: Immer frisch zubereitet, schmecken die Spezialitäten einfach himmlisch.

to do

1 Adrenalin pur
Überraschung: Die längste Hängeseilbrücke der Welt ist in Castelsaraceno! In 80 m Höhe glaubst du in der Luft zu schweben. Über mehr als 500 m geht es Schritt für Schritt. Das Panorama von dort oben wirst du nie wieder vergessen.

2 Engelsflug
Noch höher hinaus geht es beim Volo dell'Angelo, und das ganz ohne Boden unter den Füßen: Von Pietrapertosa, mitten in den Dolomiti Lucane, „fliegst" du, an einem Seil hängend, mit dem Kopf nach vorne, schnell wie ein Falke, nach Castelmezzano auf der anderen Seite des Tals:.

3 Farbenlehre in der Küche
Aus der Basilikata solltest du nicht abreisen, ohne die *Salsiccia Lucana* und ein Glas *Aglianico* probiert zu haben. Dazu entdeckst du leckeres Gemüse, das es nur in der Region gibt: in Senise die getrocknete, „knusprige" rote Paprikaschote *Peperone crusco* und in Rotonda Rote Auberginen und Weiße Bohnen.

to see

4 Die Sassi von Matera
Über 7000 Jahre ist sie alt, die in den Tuffstein gehauene Höhlenstadt von Matera. Besuche die Stadtviertel Sasso Barisano und Sasso Caveoso und staune. Kaum zu glauben, dass dort noch bis in die 1950er-Jahre Menschen wohnten! **INSIDER TIPP** Vom Belvedere am Domplatz hast du den besten Blick auf das Gassenlabyrinth.

5 Maratea: Berge und Meer
Eine spektakuläre Serpentinenstraße führt hinauf zur 21 m hohen Christusstatue mit ausgebreiteten Armen. Der Blick über die grünen Berge und das Tyrrhenische Meer ist gigantisch. Zurück nach unten kannst du auch mit dem Gleitschirm fliegen.

6 Monte Vulture und Laghi di Monticchio
Furchtlos bauten die Benediktiner ihre Abtei in den alten Vulkan. Im Museum der Anlage erfährst du mehr über eine 5 Mio. Jahre alte Nachtfalterart, die heute nur noch in dieser Gegend vorkommt. An den beiden Kraterseen warten bunte Tretboote.

•••• **BASILIKATA** ••••••••••••••••••••••••••••••

Land: Italien
Sprache: Italienisch
Einwohner: 540 000
Anreise: Mit der Bahn über Mailand bis Matera oder Potenza oder mit dem Fernbus z. B. nach Neapel oder Bari, von dort weiter mit Bus, Bahn oder Mietwagen.
Mehr Infos: www.basilicataturistica.it, www.italia.it/de

	€€€
JAN **JUL**	
FEB AUG	
MÄR SEP	€€
APR OKT	
MAI NOV	
JUN DEZ	€

BESTE   BUDGET
REISEZEIT   SKALA

Besuche die Sassi und staune!

Tief in den Tuffstein sind die Höhlenwohnungen von Matera gehauen. Lass dich faszinieren von Tausenden von Jahren Menschheitsgeschichte!

Die Dänische Königliche Bibliothek ist alles andere als verstaubt. Im futuristischen Anbau, dem „Schwarzen Diamanten", ist auch ein Konzertsaal.

Kopenhagen ist eine der trendigsten Städte überhaupt. Und immer geht noch mehr: skandinavisches Design, aufregende Architektur, Sterneküche und neue coole Cafés. Du warst gerade da? 2024 wirst du wieder Neues entdecken.

KOPENHAGEN

14

Wie heißt die aktuelle Unesco World Capital of Architecture? Kopenhagen! Denn wie du unschwer erkennen wirst, sind innovative Architekt:innen und Stadtplaner:innen dabei, die Stadt immer attraktiver und nachhaltiger zu machen. Fußgänger:innen und Fahrräder haben Vorrang, es gibt eine dritte Metrolinie, autofreie Wohnviertel entstehen. Kulturgebäude wie die Oper, Büchereien und das Aquarium sind Hingucker, Brücken wie Cirkelbroen und die „Bicycle Snake" Kunstwerke, öffentliche Plätze sind Spielplätze für Erwachsene. Und ein Open-Air-Gym auf einem Parkhausdach – genial. Kopenhagen ist auch ein Mekka für Gourmets. In den Drei-Sterne-Restaurants Geranium und Noma (das Ende 2024 schließt, also schnell hin!) solltest du schon Monate vorher einen Tisch reservieren oder dich auf die Warteliste setzen lassen. Oder schauen, ob in einem der anderen 13 Sternerestaurants noch was geht. Dann saugst du die Atmosphäre auf und tauchst ein in die Stadtviertel: die Hippiekommune Christiania, das ehemalige Rotlichtviertel Vesterbro, das Multikulti von Nørrebro, den „Meatpacking District" Kødbyen und das idyllische, hygge Christianshavn.

Genial: ein Gym auf dem Parkhaus

to do

1 Last Order im Noma
Gourmets trauern: Nach gut 20 Jahren schließt das mehrfach zum besten Restaurant der Welt gekürte Noma Ende 2024 seine Türen. Möchtest du noch in den Genuss des 20-Gänge-Menüs kommen, reserviere schnell, denn das Lokal hat eine lange Warteliste.

2 Urban Skiing
Kein Scherz: Die beste Aussicht hast du vom Dach einer Müllverbrennungsanlage. Der Clou: Auf dem CopenHill kannst du auf Kunstschnee Ski fahren (mit Schlepplift) und dich auf dem „Fünfkampf"-Parcours im Minigolf oder Ringwerfen messen.

3 Aufs Rad steigen
Kopenhagen ist eine der fahrradfreundlichsten Städte der Welt. Die flache Stadt hat 450 km Radwege (fast so viel wie Amsterdam). Zwei von drei Kopenhagener:innen radeln jeden Tag zur Arbeit. Reihe dich ein in den lässigen Flow. Ein Rad bekommst du mit der Donkey-Republic-App oder bei einem der vielen Verleihe.

to see

4 Tivoli
Karussells, eine Ruderpartie vor der Pagode und samstags Feuerwerk: Der Vergnügungspark ist ein Klassiker für Familien und Nostalgiefans. Er öffnet nicht nur zur Sommersaison die Tore, sondern auch in der Adventszeit, dann ist der Park festlich beleuchtet.

5 Reffen
Food Trucks waren gestern. Im einstigen Industriegebiet auf der Insel Refshaleøen gibt's gleich ein ganzes Streetfood-Dorf aus alten Schiffscontainern mit mehr als 40 Küchen und Bars. An den langen Biertischen am Wasser bist du sofort im Gespräch.

6 Nordhavn
Im alten Hafen ist ein ganz neues Trendviertel entstanden: mit Marinas, Promenaden, Büros und Hotels; du kannst sogar in einem Kran übernachten. Nagelneu sind der kreisrunde Bau des Tip of Nordø und die autofreie Kronløb Island. **INSIDER TIPP** Urlaubsfeeling kommt an der Badestelle am Sandkaj mit Boardwalk und Cafés auf.

• • • • • **KOPENHAGEN** • • • • • • • • • • • • • • • • •

Land: Dänemark
Sprache: Dänisch
Einwohner: 640 000
Währung: Dänische Krone
Anreise: Ab Hamburg mit der Bahn (5 Std.) oder dem Flixbus (7 Std.). Autofahrer:innen nehmen die Fähre von Fehmarn nach Puttgarden.
Mehr Infos: www.visitcopenhagen.de

€€€

JAN	JUL
FEB	AUG
MÄR	SEP
APR	OKT
MAI	NOV
JUN	DEZ

€€

€

BESTE REISEZEIT   **BUDGET SKALA**

Auf dem Reffen Streetfood-Markt gibt's was für jeden Geschmack! Die Craftbier-Brauerei Mikkeler in einer alten Industriehalle ist nur eines von vielen Lokalen.

Food Trucks waren gestern

Auf dem Erlebnis-Wanderweg im Latemarium erwarten dich ungewöhnliche An- und Aussichten wie hier auf das Latemar-Massiv. Eine runde Sache!

Wie gut vertragen sich Bergtourismus und Naturschutz? Ganz ehrlich: Könnte oft besser sein. In den Alpen tüfteln darum viele Orte an Ideen für umweltfreundlichen Tourismus. Ein Vorreiter ist das Eggental in Südtirol.

EGGENTAL

15

Mit dem Bus dauert es 30 Minuten, dann hast du Bozen hinter dir gelassen und bist in den Dolomiten. Das Eggental und seine Nebentäler sind Postkarte pur: Es wird von den Felsmassiven Rosengarten und Latemar eingerahmt. Das Tal selbst ist übersichtlich: es gibt sieben kleine Dörfer, ein paar Ski- und Wandergebiete, Erdpyramiden aus der Eiszeit, die Wallfahrtskirche Maria Weißenstein und Europas erstes „Sternendorf" mit Planetarium und Sternwarte. Die Natur ist der Star, und diese gilt es zu schützen. Das beginnt mit plastikfreien Frühstücksbuffets mit lokalen Produkten (unter anderem von den 40 Biobauernhöfen) und einem Netz von Trinkwasserbrunnen. Statt im Stau zu stehen, kannst du kostenlos Busse und Seilbahnen nutzen, und das im gesamten Südtiroler Verkehrsverbund. Der Strom stammt aus vier Wasserkraft- und Biomassekraftwerken, viele Hotels haben Solaranlagen und heizen mit Biomasse. Die Großveranstaltungen wie „Rosadira Bike", der Snowboard-Weltcup in Carezza und der Weihnachtszauber sind als „Green Events" zertifiziert. Das Ski- und Wandergebiet Carezza gehört dem Klimaneutralbündnis 2025 an. 2022 hat das Eggental die Zertifizierung des Global Sustainable Tourism Council der UN erhalten. Und mit der „Zukunftsstrategie 2030" geht die Entwicklung weiter. Schließlich will das Eggental nicht nur mit italienischer Lebensart und alpinem Flair betören, sondern Südtirols nachhaltigster Sehnsuchtsort werden.

to do

1 Loipengaudi
Von November bis April gibt's in den Dolomiten nur eins: Wintersport! In Obereggen warten 110 Pistenkilometer auf dich. Mit dem „Valle Silver"-Skipass weitest du deinen Radius auf drei Nachbargebiete und insgesamt 390 Pistenkilometer aus. **INSIDER TIPP** Falls du nicht genug kriegen kannst: Mehrmals die Woche wird bis 22 Uhr bei Flutlicht gefahren.

2 Der Grand Canyon Südtirols
Statt auf grauem Fels wanderst und kraxelst du durch die Bletterbachschlucht. Die rot gestreiften, grün bewachsenen Steinwände des Geoparks ragen bis zu 400 m auf. Ganz ohne ist die Sache nicht, du brauchst wasserfeste Schuhe und einen Steinschlaghelm.

3 Flauschige Freunde
Lama-Trekking ist ein Dauerbrenner, denn nicht nur Kinder lieben die putzigen Anden-Kamele. Vom Prennergut in Welschnofen startest du mit einem Lieblingstier zu einer echt entspannenden Schnupperwanderung.

to see

4 Karersee
Wenn das Wetter mitspielt, machst du an einem der schönsten Bergseen der Alpen das Foto deiner Reise! Je nach Tageszeit schimmert das glasklare Wasser, in dem sich Tannen und Dolomiten spiegeln, smaragdgrün oder tiefblau. Photoshop oder Filter brauchst du nicht!

5 Latemarium
Dieser Abenteuerspielplatz hat was für jeden Geschmack. Hochseilgarten? Check! Sommerrodelbahn, Waldlehrpfade, Gebirgsjoggen von 1500 auf 2100 m? Check, check check! Einfach nur wandern mit Ausblick geht natürlich auch.

6 Berghütte Oberholz
Alm-Öhi ist definitiv in Rente! So eine Hütte hast du noch nicht gesehen: Du speist und relaxt im skandinavisch gestylten Raum mit Panoramafenstern oder draußen auf der Terrasse auf 2096 m. Hin kommst du auf dem Wanderweg, mit dem E-Mountainbike (Ladestation vorhanden!) oder dem Sessellift.

• • • • **E G G E N T A L** • • • • • • • • • • • • • • • • • • •

Land: Italien
Sprache: Deutsch, Italienisch, Ladinisch
Einwohner: 9300
Anreise: Nach Bozen im EC via München oder mit dem Flixbus über die Brennerautobahn A22. Im Sommer und in der Skisaison mit der lokalen Airline Skyalps ab Hamburg, Berlin und Düsseldorf.
Mehr Infos: www.eggental.com

€€€

JAN	JUL
FEB	AUG
MÄR	SEP
APR	OKT
MAI	NOV
JUN	DEZ

€€

€

BESTE REISEZEIT **BUDGET SKALA**

Alm-Öhi ist definitiv in Rente

Die stylische Berghütte Oberholz ist fast zu schön, um nur auf der Außenterrasse zu sitzen. Zu essen gibt's innovative, regionale Gerichte.

10
x
WELT
WEIT

CHESAPEAKE
BAY
6

TRANSCAUCASIAN
TRAIL
1 20|24.

KYŪSHŪ
3

LAOS
7

SURINAME
2

GHANA
8 20|24.

SRI LANKA
4

KOH PHRA
THONG
10 20|24.

ECUADOR
9

VALLE DEL
HUASCO
5

Weitwanderweg im Werden: Abenteuernaturen können 2024 Etappen des Transcaucasian Trails probelaufen oder beim Ausbau mithelfen.

20|24.

Das Projekt ist monumental: Gegenwärtig entsteht eine 3000 km lange Wanderroute vom Hochland Armeniens bis zu den Gipfeln Georgiens. Wer sich beeilt, kann im Sommer 2024 mithelfen oder Teilstücke probelaufen.

TRANSCAUCASIAN TRAIL

1

Zu großen Teilen ist der Transcaucasian Trail noch eine Idee: Armenien mit Aserbaidschan und Georgien über einen Weitwanderweg zu verbinden. Jeweils im Juli und August treffen sich Freiwillige, um das Streckennetz von der iranisch-armenischen Grenze bis hin zum Hauptzug des Großen Kaukasus im georgischen Swanetien zu vollenden, weiter auszubauen oder zu pflegen. Eine zweite Route entlang des Großen Kaukasus bis nach Aserbaidschan ist ebenfalls geplant und wird bereits gescoutet. Gegenwärtig sind die Initiatoren auf der Suche nach sogenannten „Thru-Hikern", die die Teilstrecken auf Herz und Nieren prüfen. Was allerdings nur etwas für Leute mit Erfahrung ist: Ganze Abschnitte der knapp 900 km durch Armenien zum Beispiel existieren nur als GPX-Daten und müssen erst noch markiert werden. Zum Teil aber verläuft der Transcaucasian Trail auch auf längst bekannten und so berühmten Strecken wie dem mehrtägigen Trail zwischen Mestia und Ushguli in Swanetien. Der Pfad führt in drei bis fünf Tagen über einzelne Weiler und Wehrdörfer an der 4000-Meter-Pyramide des Tednuldi vorbei bis hin zum höchstgelegenen Dorf Swanetiens. Lust bekommen? Worauf wartest du? Die Bewerbungen für die Sommercamps 2024 laufen …

Weiler und Wehrdörfer

to do

1 Auf ein Gläschen

Georgien gilt als Wiege des Weins, jahrtausendealte Verfahrensweisen der Naturweinbereitung haben hier überlebt und gehören zum Alltag. Ob du ein Weingut besuchst, eine Weinbar oder den Hauswein des Gasthauses probierst: Etwas anderes als erstklassige Qualität kommt gar nicht erst auf den Tisch!

2 Besuch das Bäderviertel

Georgiens Hauptstadt Tbilissi glänzt mit grandioser Architektur, Nachtleben – und heißen Quellen. Ein Besuch des Bäderviertels Abanotubani und ein Bad in den Quellen ist Pflicht! Du kannst dir eine Kabine in einem privaten Betrieb reservieren oder das öffentliche Badehaus besuchen.

3 Von Kloster zu Kloster

Armenien gehört zu den ältesten christlichen Nationen der Welt, entsprechend beeindruckend sind die Klosterbauten. Schließ dich einer Tour von Jerewan aus an; die Klöster liegen bildschön, aber ungemein abgelegen auf der Hochebene.

to see

4 Tbilissi

Tbilissis Stadtbild ist nicht überall romantisch. Auf einer geführten Tour entdeckst du die verstreuten Relikte des sowjetischen Modernismus: von Wohnblocks über Wandreliefs bis hin zur ikonischen Bank of Georgia.

5 Sewansee

See ist eine Untertreibung! Das armenische Meer ist doppelt so groß wie der Bodensee, liegt aber auf 1900 m. Einmalig ist der Blick von der Halbinsel des Klosters Sewanawank. **INSIDER TIPP** Wenn du Inspiration suchst, kannst du dich gleich vor Ort einquartieren: im Schriftstellerhaus aus sowjetischer Zeit direkt am Ufer.

6 Swanetiens Wehrtürme

Swanetien liegt im Großen Kaukasus so abgelegen, dass es nie erobert werden konnte. Die archaischen Wehrtürme dienten auch dem Schutz voreinander. Offen steht der Turm von Michail Khergianis Geburtshaus bei Mestia. Wer hinauf will, muss es dem berühmten Bergsteiger gleichtun und den Schwindel überwinden.

• • • • TRANSCAUCASIAN TRAIL • • • • • • • • • • •

Länder: Armenien, Georgien
Hauptstädte: Jerewan, Tbilissi
Sprachen: Armenisch, Georgisch
Einwohner: 2,8 Mio., 3,7 Mio.
Währung: Dram, Lari
Anreise: Über die Flughäfen von Jerewan (Armenien) oder Tbilissi und Kutaissi (beide in Georgien)
Mehr Infos: www.transcaucasiantrail.org

JAN	JUL	€€€
FEB	AUG	
MÄR	SEP	
APR	OKT	€€
MAI	NOV	
JUN	DEZ	€

BESTE REISEZEIT   **BUDGET SKALA**

Bewehrtes Berg-
dorf: Einnahmen
aus dem Tourismus
sind der Grund,
warum einzelne
Familien inzwischen
in das abgelegene
Adishi zurückkehren.

Der armenische Klosterkomplex Sewanawank lag ursprünglich im See. Durch Wasserentnahme während der Sowjetzeit wurde die Insel zur Landzunge.

> Wer braucht schon Strände? Auch im Suriname River lässt sich herrlich baden. Die Highlights befinden sich eh an Land: der unberührte Urwald und die fantastische Tierwelt.

2

SURINAME

In Zeiten überfüllter Top-Reiseziele ist Suriname die perfekte Alternative: klein, unbekannt und unentdeckt, mit großer kultureller Vielfalt und riesigen Urwaldgebieten für spannende Entdeckungstouren.

Suriname ... das ist doch ... das liegt doch ... genau, wo liegt das eigentlich? Wer jetzt auf Asien tippt, hat sich mal eben um einen ganzen Kontinent vertan. Suriname ist das kleinste Land Südamerikas, hoch oben im Nordosten schmiegt es sich zwischen Guayana, Französisch-Guayana und dem riesigen Brasilien an die Küste des Atlantischen Ozeans. Es braucht eine gute Portion Abenteuerlust, um die ehemalige niederländische Kolonie – die einzige in Südamerika – zu bereisen. Der Tourismus steckt noch in den Kinderschuhen. Viele Reisende, oft Niederländer:innen auf Familienbesuch, wählen die Hauptstadt Paramaribo als Basis und buchen von dort aus Trips in den Rest des Landes. Wer lieber individuell unterwegs ist, nutzt Bus, Boot oder Fahrrad. Übernachtet wird mal in gehobenen, mal in einfachen Resorts. Strandfreaks sind hier fehl am Platz: An der fast 400 km langen Küste gibt es praktisch keine Strände, gebadet wird in den Flüssen. Es ist vor allem die überbordende Natur – der weitläufige, unberührte Regenwald und seine Tierwelt –, die im unbekannten Suriname auf ihre Entdeckung warten.

to do

1 Mit Delfinen spielen

Sie haben einen rosafarbenen Bauch und sind genauso neugierig wie ihre Kollegen auf hoher See: Bei Bootstrips von Paramaribo aus kannst du auf dem Suriname-Fluss Guyana-Delfine beobachten. Die Bootsführer sind ehemalige Fischer. Mit ihren Touren helfen sie, die gefährdete Art zu schützen.

2 Auf Dschungelpfaden

Einfacher kann man unberührten Urwald nicht besuchen, denn eine asphaltierte Straße führt 100 km weit von Paramaribo in den Brownsberg Nature Park. Es erwarten dich: Affen, Wasserfälle, rustikale Unterkünfte, spannende Dschungeltrips …

3 Expedition per Boot

Dein Taxi ist ein Boot, und du schläfst in idyllisch gelegenen Lodges: **INSIDER TIPP** Am Oberlauf des Suriname tauchst du tief ein in das dunkelgrüne Herz des Landes. In den Siedlungen erfährst du die Geschichte(n) der Saamaka, deren Vorfahren afrikanische Sklaven waren.

to see

4 Paramaribo

Surinames Hauptstadt, kurz Parbo genannt, ist ein entspannter Ort. Die Altstadt mit ihren weißen Holzhäusern hat Unesco-Welterbe-Status, die Peter-und-Paul-Kathedrale ist der größte Holzbau der westlichen Welt. Und es wird (religiöse) Vielfalt gelebt: Eingewanderte aus Westafrika, Indien, Indonesien, China und Europa leben friedlich zusammen.

5 Jodensavanne

Ein Ort mit ganz besonderer Atmosphäre: Im 17. Jh. ließen sich aus Europa vertriebene Juden am Ufer des Suriname nieder. Die Ruinen der Stadt samt Synagoge und Friedhof gehören zu den wichtigsten historischen Monumenten des Landes.

6 Frederiksdorp

Auf der früheren Plantage übernachtest du in hübschen Häuschen. Erinnert wird an die dunkle Sklavenvergangenheit, Touren führen unter anderem in die alte Zuckerfabrik nach Mariënburg oder zum Fort Nieuw Amsterdam.

• • • • SURINAME •

Hauptstadt: Paramaribo
Sprache: Niederländisch, Sranantongo
Einwohner: 600 000
Währung: Suriname-Dollar
Anreise: Von Europa aus fliegt nur KLM täglich von Amsterdam nach Paramaribo. E-Visa (40 Euro, 90 Tage) beantragst du unter https://suriname.vfsevisa.com.
Mehr Infos: www.shata.sr

€€€

JAN	JUL
FEB	AUG
MÄR	SEP
APR	OKT
MAI	NOV
JUN	DEZ

€€

€

BESTE REISEZEIT   **BUDGET SKALA**

Es erwarten dich:
Affen, Wasserfälle,
Dschungeltrips …

Auch Totenkopf-
äffchen leben im
Regenwald von Suri-
name. Das Land hat,
relativ zu seiner Flä-
che, den größten
Anteil an Primär-
wald weltweit.

Die „Höllen" von Beppu sind dampfende, blubbernde heiße Quellen. Dreimal darfst du raten, woher die Blutteichhölle ihren Namen hat ...

Japans „Feuerland" zählt 17 aktive Vulkane. Sie sorgen für Aberhunderte heiße Quellen. Und das sind nicht die einzigen Hotspots der Insel. Warum das (noch) so Wenige wissen? Gute Frage.

KYŪSHŪ

3

Kyōto ist das kulturelle Herz Japans? Stimmt. Aber die Wiege der japanischen Kultur liegt in Kyūshū, das behauptet nicht nur der Mythos von der Sonnengöttin. Die chinesische Schrift kam vom Festland zuerst nach Kyūshū, der Buddhismus und der Reisanbau ebenso. Einfach alles, was Japan ausmacht, findet sich auf der drittgrößten Insel des Landes in beachtlicher Zahl oder Qualität: rauchende Vulkane und heiße Quellen, klassische Burgen und kontemplative Gärten, Kirschbäume und Keramik, sagenhafte Shintō-Schreine und stille buddhistische Tempel, eine reiche Geschichte voller tragischer Helden … und dann warten da noch ein paar Überraschungen, die Kyūshū ganz besonders machen, etwa die Sandbäder am Meer, die Spuren der ersten Christen auf japanischem Boden, die Geisterinsel in der Bucht von Nagasaki, auf der einst Kohle gefördert wurde. Überhaupt Nagasaki: Hier sogen Japaner:innen während der Abschließung des Landes westliches Wissen auf. Hier lebten chinesische Händler, die ihre ganz eigenen Tempel bauten. Und hier schlug die Atombombe ein. Puh, zu viel Geschichte? Dann ab in die Natur: Die Nichinan-Felsenküste ist zauberhaft, der Aso-Vulkankrater riesig, die Schlucht von Takachihō mythenumwoben. Das macht hungrig, klar. Jede Gegend hat ihre kulinarischen Spezialitäten, sodass überall Geschmacksabenteuer locken. Zum Schluss ist Entspannung im Onsen (Thermalbad) angesagt, fast egal wo, denn die hat Kyūshū zuhauf – natürlich.

to do

1 Kopf aus dem Sand
Bis zum Kopf in heißen Sand eingebuddelt ordentlich schwitzen – das geht in Ibusuki am Strand oder auch in Beppu. Wenn du es kaum noch aushältst, so nach 10 bis 15 Minuten, ist der Spaß auch schon wieder vorbei. Danach fühlst du dich angenehm schwer und entspannt.

2 Nudelsuppe à la Fukuoka
Lust auf Nudelsuppe? Hakata-Rāmen gibt's nicht nur in Nudellokalen, sondern abends zusammen mit anderen zünftigen Spezialitäten der Lokalküche an kleinen Essenständen, den *Yatai*, die sich in bestimmten Gegenden konzentrieren. „Itadakimasu!" sagen und losschlürfen!

3 Fern sehen mit der Bahn
Auf Kyūshū sind zeitweise einige nostalgische Züge im Einsatz, etwa der familienfreundliche Aso Boy! mit Panoramasicht auf die Aso-Caldera oder der Umisachi Yamasachi entlang der malerischen Nichinan-Küste im Südosten. Reservieren, einsteigen und die Aussicht genießen!

to see

4 Nagasaki
Als die Atombombe am 9. August 1945 auf Nagasaki niedergeht, liegt Hiroshima schon in Schutt und Asche. Im und um den Friedenspark erinnern Überbleibsel der Zerstörung, eine Reihe von Denkmälern, das Atombombenmuseum und die Gedenkstätte für die unzähligen Opfer an das Inferno.

5 Beppu
Zu heiß, um darin zu baden, sind die „Höllen" von Beppu. Dreh eine Runde von der Blutteichhölle (blutrot) über die Mönchshölle (Schlammblasen) zur Meereshölle (türkisblau). Auf die Höllentour folgt die Bädertour: Beppu hat weit über 2000 Quellen – Weltrekord!

6 Inselvulkan Sakurajima
Einfach in einer halben Stunde mit der Fähre von Kagoshima übersetzen und die skurrilen Lavaformationen bewundern. **INSIDER TIPP** Auf müde Füße wartet nach der Erkundung ein 100 m langes, kostenloses Fußbad im Freien.

• • • • KYŪSHŪ • • • • • • • • • • • • • • • •

Land: Japan
Sprache: Japanisch
Einwohner: 12,7 Mio.
Währung: Yen
Anreise: Es bestehen keine Direktflüge von Europa nach Kyūshū. Deshalb nach Tōkyō oder Ōsaka fliegen und von dort weiter in die Provinzhauptstadt Fukuoka.
Mehr Infos: www.japan.travel/de/de

		€€€
JAN	JUL	
FEB	AUG	
MÄR	SEP	€€
APR	OKT	
MAI	NOV	
JUN	DEZ	€

BESTE REISEZEIT   **BUDGET SKALA**

„Itadakimasu!" sagen und losschlürfen!

博多長浜 やまちゃん
本格焼酎
ラーメン

おでん
やきとり
牛たん

ラーメン

Die kleinen Essen-
stände im Zentrum
von Fukuoka sind
abends im Nu aufge-
baut und sorgen für
eine schnelle Mahl-
zeit – du musst dich
nur trauen!

Dreiradfahren für Erwachsene: Wenn du Lust hast, kannst du dich in Bandarawela selbst einmal als Tuk-Tuk-Fahrer ausprobieren. Intensiver erlebst du die buschig-grüne Landschaft allerdings zu Fuß.

**Wandern in Sri Lanka? Unbedingt!
Durch das teegrüne Hochland zieht sich seit
Neuestem der 300 km lange Pekoe Trail,
eine spannende Route durch Bergdörfer und
Teeplantagen mit traumhaften Ausblicken.**

SRI LANKA

4

Genug von Sonne, Strand und Meer? Dann mach dich auf ins teegrüne Hochland. Spätestens seit der Pekoe Trail sich wie ein Lindwurm von der einstigen Königstadt Kandy durch die Berge gen Osten schlängelt, schnüren immer mehr Sri-Lanka-Reisende ihre Trekkingboots und stapfen los. Mit „Pekoe" bezeichnen Teekenner die Qualitätsstufen der Blätter – was für ein perfekter Name für einen Wanderweg, der über 22 Etappen durch endlos viele Teeplantagen verläuft. Um einen Eindruck davon zu bekommen, musst du nicht den gesamten Trail laufen, ein paar Etappen reichen. Die sind auch gar nicht so anstrengend. Die durchschnittlich 10–13 km schaffen auch weniger Bergfeste in ein paar Stunden.

Die Fernsicht ist oft gigantisch, etwa auf der Etappe 13 vom Bergdorf Haputale bis zum Lipton's Seat. Lipton wie Lipton Tea? Genau, dort besaß Sir Thomas, der Erfinder des Teebeutels, eine Plantage und genoss gern die sagenhafte Aussicht. Das tut er heute noch – jedenfalls in Form einer Statue. Ob er sich nach dem Abstieg eine Ayurveda-Massage gönnte, ist nicht überliefert. Du aber solltest das unbedingt tun – Angebote gibt es zur Genüge.

Auf ins teegrüne Hochland

to do

1 Teepflücken im Dschungel

Forest Hill Tea ist ein hochwertiger Biotee von den Südhängen des Hochlands, genauer gesagt aus der Umgebung des Dorfes Erathna, 24 km nördlich von Ratnapura. Der Tee wächst wirklich im Wald, und wenn du Lust hast, kannst du ihn zusammen mit Buddhika, dem Eigentümer, pflücken.

2 Vom Winde verweht

Auf der Halbinsel Kalpitiya reihen sich entlang eines traumhaften Strands etliche Kitesurf-Schulen aneinander. Hier kann das komplette Equipment gemietet werden, und am Abend lernst du beim Seafood-Barbecue Gleichgesinnte aus aller Welt kennen.

3 Durch die Kurven knattern

Die dreirädrigen Tuk-Tuks gehören zu Sri Lanka wie die Chilischoten zum Curry. Wenn du selbst einmal eines dieser Kultgefährte steuern willst, frag beim Sri Lanka Trekking Club in Bandarawela nach. Die zeigen dir auch die schönsten Nebenstrecken.

to see

4 Hatthikuchchi

Klingt wie ein Avatar aus einem Science-Fiction-Film, ist aber eine ziemlich alte buddhistische Klosterruine mitten im Dschungel. Selbst auf Google Maps findet du den Ort nicht auf Anhieb, und auch die Einheimischen sind oft keine große Hilfe. Aber die Suche lohnt: Die alten Steine zwischen Baumriesen wären eine grandiose Filmkulisse.

5 Sigiriya

Natürlich kannst du US$30 berappen und die berühmte Felsenfestung erklimmen. Es geht aber auch billiger – und fast genauso schön. Nur wenige Kilometer entfernt erhebt sich der **INSIDER TIPP** Nachbarberg Pidurangala, von wo aus du einen Wahnsinnsblick auf Sigiriya im Morgenlicht hast.

6 Nallur Kandaswamy Kovil

Der Hindutempel in der Tamilen-Metropole Jaffna ist ganz schön krass: Schummerlicht, bunte Götter überall, murmelnde Priester und erst das Getrommel zu den Gebetszeiten! Wer das nicht magisch findet …

• • • • SRI LANKA • • • • • • • • • • • • • • • • • • •

Hauptstadt: Colombo
Sprache: Singhalesisch und Tamil
Einwohner: 22 Mio.
Währung: Sri-Lanka-Rupie
Anreise: Regelmäßig nonstop ab Frankfurt mit Sri Lankan, saisonal auch ab Zürich mit Edelweiss. Außerdem viele Verbindungen mit Zwischenstopp in den Golfstaaten
Mehr Infos: www.srilanka.travel

BESTE
REISEZEIT

BUDGET
SKALA

Erst durch den Wald, dann etwas Kraxeln und du bist auf dem Pidurangala. Vom Blick über die Baumwipfel bis hinüber zur Felsenfestung Sigiriya kann man kaum genug bekommen.

In den vergange-
nen Jahren trat es
immer häufiger auf:
das Phänomen der
blühenden Wüste –
ein quietschbunter
Teppich aus Wild-
blumen in der
Atacama.

5

VALLE DEL HUASCO

Für Outdoorfans gibt es kaum ein spannen-
deres Ziel als Chile. Und das Beste: Es ist
längst nicht alles entdeckt. In den tiefen
Tälern der hohen Anden erwacht gerade das
Valle del Huasco, der Garten der Atacama.

Durch die trockenste Wüste der Welt fließen Flüsse? Nicht nur das: An den Ufern des Río Huasco wachsen Blumen, Bäume und Kräuter. Dank des sonnigen Klimas gedeihen außergewöhnlich süße Früchte wie die Trauben, aus denen Chiles Nationalschnaps *Pisco* destilliert wird. Und den 500 Jahre alten Olivenbäumen ist sogar ein Fest gewidmet. Diese Oase wollen die Einwohner:innen des Tals jetzt mit naturnahem Tourismus für die Welt öffnen. Tagsüber kannst du Rad fahren, im Fluss schwimmen, Kunstateliers besuchen und Köst-lichkeiten von den Farmen probie-ren. Wenn die Sonne untergegangen ist, breitet sich über dir der klarste Sternenhimmel aus, den du je gesehen hast. Kein Wunder, dass hier die modernsten Teleskope der Welt stehen. Alle paar Jahre kannst du außerdem Zeuge eines echten Phänomens werden: Dann breitet sich in der Wüste ein schier endloser Teppich aus Wildblumen aus. Star unter den Blumen ist die Löwenklaue. Die Garra de León gibt es nur hier. Mit ein bisschen Glück erlebst du dieses Wunder zwischen Oktober und Dezember. Die Wüste lebt. Und wie!

to do

to see

1 Radle durch die Atacama

Leih dir in La Arena ein Mountainbike und radle zwischen grasenden Pferden und zwitschernden Vögeln durch das fruchtbare Tal. Zur Abkühlung springst du in den Río Tránsito und genießt in der Pension La Casona einen frisch gepressten Orangensaft.

2 Bestaune Kunst der Diaguita

In El Tránsito kannst du ein Keramikatelier besuchen, in dem Frauen des Tals die Kultur der Ureinwohner, der Diaguita, weiterführen und Kunstwerke aus Ton herstellen. Die Diaguita sind nicht nur für ihre filigrane Keramikkunst bekannt, sondern auch für herausragende Silberarbeiten.

3 Köstliches aus der Wüste

Wie wär's mit Helado de Nieve, Speiseeis aus dem Schnee der Andengletscher, oder einem Almendruco, einem kleinen weißen Pfirsich, der in dieser Region gleich zweimal pro Jahr geerntet wird? Köstlich ist auch das örtliche *Dulce de Leche*, eine süße Karamellcreme, die hier mit Ziegenmilch hergestellt wird.

4 Blick ins Weltall

Nirgends ist der Nachthimmel so klar wie über der Atacama-Wüste. Auf einer Führung erfährst du alles über den südlichen Sternenhimmel und dir wird die Verbindung zu den lokalen Petroglyphen und der *Cosmovisión indígena*, dem Kosmos der Ureinwohner, erklärt.

5 Blühende Wüste

Alle paar Jahre verwandelt sich die Wüste in ein Blumenmeer, am spektakulärsten nördlich von Vallenar und im Tal des Río Huasco. Ein komplexes Zusammenspiel verschiedener Faktoren (Regen, Temperatur, Licht ...) ist nötig, damit sich die ganze Pracht entfaltet. Dann aber: Farbenrausch!

6 Hacienda Armidita

Auf diesem Landgut bei El Tránsito werden preisgekrönte Getränke hergestellt: *Pajarete*, der „Wein der Wüste", *Pisco*, ein Destillat aus Traubenwein, und neuerdings chilenischer Gin mit Bergkräutern. Auf einer Tour lernst du die Produktionsprozesse kennen und darfst probieren.

• • • • VALLE DEL HUASCO • • • • • • • • • • • • • • • • • •

Land: Chile
Sprache: Spanisch
Einwohner: 5000
Währung: Chilenischer Peso
Anreise: Täglich geht's von praktisch allen europäischen Großflughäfen nach Santiago de Chile, nonstop von Paris, sonst mit Stopp in Buenos Aires, Bogotá oder São Paulo.
Mehr Infos: www.chile.travel/de

BESTE REISEZEIT	BUDGET SKALA
JAN	€€€
FEB	
MÄR	
APR	€€
MAI	
JUN	
JUL	
AUG	
SEP	
OKT	€
NOV	
DEZ	

Den Olivenbäumen ist sogar ein Fest gewidmet

Das Tal des Río Huasco ist weithin bekannt für seine Oliven. Bei Olivos Centenarios kannst du die 350 bis 500 Jahre alten Bäume bewundern.

Nur wenige Schraubpfahlleucht-türme sind noch er-halten. Offen für Besucher sind sie in den Maritim-Museen von St. Michaels und Solomons Island, beide in Maryland.

Du denkst bei der Bay Area an San Francisco? Think again! Die größte Bucht der USA liegt nämlich an der Ostküste. Zwischen der Hauptstadt und dem Atlantik. Also: erst nach Washington, D. C., dann ab ans Wasser!

CHESAPEAKE BAY

6

Suchst du noch nach einem Geheimtipp für deinen nächsten USA-Trip? Eine echt schöne Region, in der viel los ist, die gut erreichbar und trotzdem nicht überlaufen ist? Dann guck dir die Chesapeake Bay an, von der du (sofern du nicht in weltläufigen Seglerkreisen verkehrst) vermutlich noch nie gehört hast: Sie erstreckt sich über 12 000 km² von Washington, D. C., und Baltimore bis an den Atlantik, eingerahmt von den Bundesstaaten Maryland und Virginia. Hier verbringen die Washingtonians ihre Wochenenden. Am liebsten am und auf dem Wasser: beim Segeln, Kanufahren, Angeln oder Relaxen. Die legeren bis feinen Terrassenrestaurants folgen dem Prinzip „Water-to-Table": Auf den Teller kommen frisch gefangener Fisch und Blaukrabben, Letztere häufig in köstlicher Form von *Crab Cakes*, einer Art Krebsfleisch-Frikadelle. Und natürlich Austern, die – wegen der Mischung aus Frisch- und Brackwasser – an der Chesapeake Bay mal mild und mal salzig schmecken. Die schönsten Lokale findest du in Annapolis und an der Eastern Shore in Easton und St. Michaels. Hier liegt auch der supermoderne Harriet Tubman Underground Railroad National Historical Park. Er erinnert an das Leben der Anti-Sklaverei-Aktivistin, das Hollywood 2019 verfilmt hat. Tolle Strände gibt es am Atlantik: Zu den Badeorten Ocean City und Virginia Beach und zu den wild lebenden Ponys auf Assateague Island ist es nicht weit zu fahren. Also schnell hin, bevor alle kommen.

to do

1 Frischer geht's nicht
Von Lynnhaven schippert dich Kapitän Chris Ludford von Pleasure House Oyster Tours in wenigen Minuten zu seinen Austernbänken. Dort serviert er an einem improvisierten Tisch aus Austernkörben und einer Holzplatte rohe und vor Ort gegrillte Austern, Shrimps und *Crab Cakes*.

2 Kunst satt
Radle in Virginia Beach ein paar Blocks vom Boardwalk in den ViBe Creative District. Neben supercoolen Shops und Restaurants entdeckst du hier über 350 Kunstwerke, wie Murals und bemalte Straßenkreuzungen oder Parkplätze. Jedes Jahr kommen mehr dazu. Ein Paradies für Instagramer!

3 Gepflegtes Nichtstun
Auf Tilghman Island kannst du ein paar Tage lang die Seele baumeln lassen. Morgens um 5 Uhr tuckern die Fischerboote raus in die Bucht. Es gibt einen Gemischtwarenladen, zwei Marinas, drei Hotels und das Frühstücksrestaurant Two if by the Sea.

to see

4 Annapolis
Die Segelhauptstadt der Welt erwartet dich! Hier siehst du Segelboote, Regatten und Segler:innen, die sich auf den Terrassen der Restaurants tummeln, vor allem im trendigen Eastport und zur „US Sailboat Show" (April, Oktober). Hingucker sind dann die 4500 Kadetten der Naval Academy auf dem Weg zum Lunch.

5 St. Michaels
Kennst du Orte, die so nobel sind, dass sie schon wieder locker sind? St. Michaels ist so ein Hafenort. Bummle die Talbot Street entlang mit Boutiquen, Kunstgalerien, Wein- und Kaffeebars. **INSIDER TIPP** Mittags isst du auf der Terrasse des Crab Claw an einem Picknicktisch *Crab Cakes*.

6 Blackwater National Wildlife Refuge
In der Blackwater National Wildlife Refuge fährst du 6 km durch eine Salzmarschlandschaft. Hier hörst du absolut nichts als das Rauschen des Schilfs und hin und wieder einen Wasservogel (und Adler!).

•••• **CHESAPEAKE BAY** ••••••••••••••••••••••••••••

Land: USA
Sprache: Englisch
Einwohner: 18 Mio. in der Capital Region
Währung: US-Dollar
Anreise: Nonstop zum Washington Dulles International Airport mit Lufthansa und United ab Frankfurt, München und Berlin. Oder von Mai bis Oktober mit Condor nach Baltimore.
Mehr Infos: www.capitalregionusa.de

€€€

| JAN | JUL |
| FEB | AUG |
| MÄR | SEP | €€
| APR | OKT |
| MAI | NOV |
| JUN | DEZ | €

BESTE REISEZEIT   **BUDGET SKALA**

Die Segelhauptstadt der Welt erwartet dich!

Mehrtägige Segeltörns von Hafen zu Hafen sind in der Chesapeake Bay extrem beliebt. Urlauber können mit an Bord, ob ein paar Stunden oder mehrere Tage.

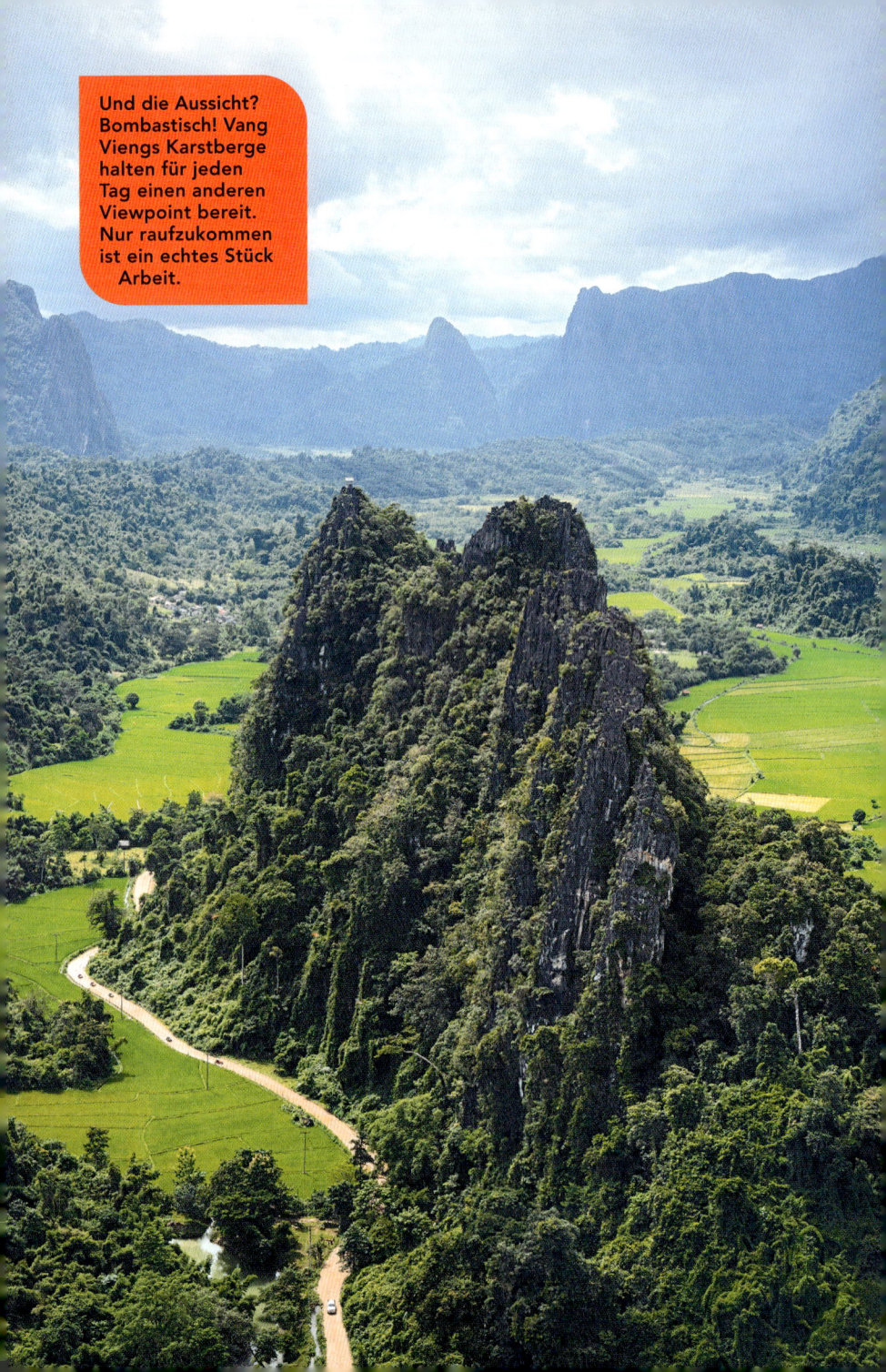

Und die Aussicht? Bombastisch! Vang Viengs Karstberge halten für jeden Tag einen anderen Viewpoint bereit. Nur raufzukommen ist ein echtes Stück Arbeit.

Gute Nachrichten, nicht nur für Trainspotter:
Südostasiens Berg-und-Dschungel-Staat hat
seine erste Fernbahnstrecke bekommen.
Sie schrumpft die Distanzen zwischen vielen
Highlights im Norden auf wenige Stunden.

LAOS

7

Bye-bye Bummelbus, *Sabaidee* Schnellzug! Was früher einen Tag voller Haarnadelkurven bedeutete, ist mit der neuen Laos-China Railway eine gerade mal vierstündige Wohlfühlangelegenheit: die Fahrt von der Hauptstadt Vientiane quer durch den zerklüfteten Norden bis zur chinesischen Grenze. 422 km, 75 Tunnel, 5 Highlights. Also, rein in die Komfortzone – aber nicht vergessen, unterwegs auszusteigen. Wobei: Vientianes Foodszene ist so bunt, dass du wahrscheinlich erst mal deine Abfahrt verschiebst (gerade erst nannte Gordon Ramsay die nordlaotische Küche eine der besten der Welt). Erster Halt: Vang Vieng. Karstkegel, so weit das Auge reicht, darin Höhlen, darauf Ausgucke. Eine Mussman-gesehen-haben-Landschaft, die du am besten auf einer Radtour oder Ballonfahrt erlebst. Dann Luang Prabang: In der alten Königsstadt am Mekong schlägt das spirituelle Herz des Landes. Tempel, Workshops, Boutiquehotels ... wetten, du reist gechillter ab, als du angekommen bist? Nahe Oudomxai, dem nächsten Halt, wartet das größte Höhlensystem des Nordens. Und Luang Namtha, zwei Stopps weiter, steht für nachhaltiges Trekking und Völkervielfalt. Von hier sind es übrigens nur drei Autostunden bis zur Gibbon Experience, einem prämierten Zipline-Abenteuer im Naturschutzgebiet mit Übernachtung in Baumhäusern. Geht's nur um den Höhenkick, musst du aber nach Zentrallaos: Dort stellt der neue Rock Viewpoint selbst Schwindelfreie auf die Probe. Also los, (r)auf geht's!

to do

1 Alle einsteigen, bitte
Die Laos-China Railway ist vielleicht keine Panoramabahn – aber mit 198 km Tunneln und 62 km Brücken eine echte Ingenieursleistung. Überzeuge dich selbst. **INSIDER TIPP** Dank neuer App (und mit laotischer SIM-Karte) ist der Ticketkauf ein Klacks.

2 Tauche ein ins Klosterleben
Luang Prabangs Tempel anzuschauen ist toll, den Buddhismus aus erster Hand kennenzulernen aber noch mal etwas ganz anderes. Schließe dich den ehemaligen Mönchen und Novizen von Orange Robe Tours an und erfahre alles übers Klosterleben – auf Wunsch mit Meditation!

3 The Rock rockt!
Zwei Felszacken, dazwischen nur eine 75 m lange Netzbrücke, darunter gähnender Abgrund. Traust du dich, hinüberzugehen? Mit diesem und anderen Elementen (Via Ferrata, Ziplines, Hängebrücken) macht The Rock Viewpoint eines der beindruckendsten Karstgebiete in Zentrallaos erlebbar. Adrenalinschub garantiert.

to see

4 Mekong
Fast 2000 km von Nord nach Süd: Südostasiens Megastrom ist für Laos Verkehrsweg, Fischgrund, Lebensader. Erlebe den Mutterfluss auf einer Bootsfahrt von Houay Xai nach Luang Prabang, bei einem *Ping Pa* (Grillfisch) am Ufer oder auf einer Kajaktour in den Gewässern der Si Phan Don, einem Flussarchipel aus Hunderten Inseln.

5 Nong Kiao/Muang Ngoi Kao
Keine Küste? Kein Problem! Diese beiden Bergdörfer nördlich von Luang Prabang am Fluss Nam Ou sind perfekt für Mußestunden mit Wasserblick. Zwischendrin gehst du tuben, trekken oder besuchst die Yensabai Organic Farm auf einen Kochkurs. Und vermisst das Meer kein Stück.

6 Meuang Feuang
Vang Vieng ist zu voll? Schnapp dir einen Motorroller und fahr nach Meuang Feuang, einem neuen Geheimtipp 90 Minuten südwestlich. Der Ort hat dieselben Vorzüge – Karstkegel, Flusslage, Uferlokale. Nur: Du hast das alles (fast) für dich allein.

LAOS

Hauptstadt: Vientiane
Sprache: Laotisch
Einwohner: 7,5 Mio.
Währung: Kip
Anreise: Es gibt keine Direktflüge von Europa nach Laos. Drehkreuze für Flüge nach Vientiane und Luang Prabang sind Bangkok, Singapur und Hanoi.
Mehr Infos: www.tourismlaos.org

		€€€
JAN	JUL	
FEB	AUG	
MÄR	SEP	€€
APR	OKT	
MAI	NOV	
JUN	DEZ	€

BESTE REISEZEIT   **BUDGET SKALA**

Laotische Klöster, vor Ort „Vat" genannt, sind Orte der Stille und Meditation. Ein Schwatz zwischendurch ist aber oft willkommen.

Strandbesuch mit Musikbegleitung: Schöne Sandstreifen gibt es viele in Ghana, aber nicht immer erlaubt der raue Atlantik gefahrloses Baden.

20|24.

Das westafrikanische Land ist ein Ruhepol
der Stabilität auf dem Kontinent.
Eine köstliche Küche, freundliche Menschen
und eine überwältigende landschaftliche
Vielfalt machen es zum perfekten
Einsteigerland für Afrika-Neulinge.

GHANA

8

Eigenbrötler sind in Ghana nicht gut aufgehoben. Wer in der lebensfrohen Hauptstadt Accra zu Fuß unterwegs ist, kommt nicht weit – so viele Gespräche könnte man führen, Fragen beantworten, neue Freundschaften knüpfen. Die Menschen in dem westafrikanischen Land, gelegen zwischen der Elfenbeinküste, Burkina Faso und Togo, lassen dich spüren, dass du willkommen bist. Natürlich gibt es auch in der 2,6-Mio.-Stadt Accra Armut und Staus, Dreck und Luftverschmutzung. Aber die junge Metropole – mehr als die Hälfte der Einwohner:innen ist keine 25 Jahre alt – wischt all das mit ihrer positiven Lebenseinstellung weg. Das nagelneue Pan African Heritage Museum, das im Dezember 2024 in Accra eröffnen soll, steht für Ghanas Rolle in Afrika: Der Staat mit seinen rund 30 Mio. Einwohnern ist eine gefestigte Demokratie, eine der stabilsten des Kontinents. Das 10-Mio.-Dollar-Museum ist das erste Afrikas, das sich mit dem Erbe seiner frühen Zivilisationen befasst. Auch die landschaftliche Vielfalt wird dich überwältigen: herrlich einsame Strände im Süden, artenreiche Regenwälder, der riesige Volta-Stausee und, hoch oben im Norden, Savanne und Safari. Ghana ist ein Fest – vor allem für jene, die den afrikanischen Kontinent zum ersten Mal besuchen.

Jede Menge gute Vibes

to do

1 Das Erbe Afrikas

Im Mittelpunkt des Pan African Heritage Museum steht die Geschichte der Afrikaner:innen auf dem Kontinent und überall auf der Welt. Sollte der Bau 2024 nicht rechtzeitig fertig werden, kannst du die Ausstellung auch digital besuchen: www.pahmuseum.org.

2 Über den Bäumen

Mehr als 300 m lang ist der Baumwipfelpfad, der in bis zu 45 m Höhe durch die Wipfel der Tropenriesen im Kakum National Park führt. Bist du mit Guides im Schutzgebiet unterwegs, hast du vielleicht das Glück, Waldelefanten oder Meerkatzen zu begegnen.

3 Erfrischende Dusche

Die Wli Waterfalls stürzen über zwei Stufen 80 m in die Tiefe und sind damit die wohl höchsten Wasserfälle Westafrikas. Auf den unterschiedlich anstrengenden Wandertouren **INSIDER TIPP** solltest du die Badesachen nicht vergessen: Das Wasser ist kalt, aber sehr erfrischend.

to see

4 Mole National Park

Ob zu Fuß, mit dem Jeep oder Fahrrad, nachts oder von einem Baumhaus aus: Mit viel Glück kannst du in der Savannenlandschaft des Parks sogar Löwen oder Leoparden beobachten. Aber auch der Rest der Tierwelt macht die Ausflüge äußerst spannend.

5 Kumasi

In der zweitgrößten Stadt Ghanas, etwa 200 km von Cape Coast an der Küste entfernt, hast du manchmal das Gefühl, auf einem riesigen Marktplatz zu sein: Der Kejetia Market gilt als der größte Westafrikas. In mehreren Museen lernst du die lokale Ashanti-Kultur kennen.

6 Elmina Castle

Der Besuch des Unesco-Welterbes ist eine verstörende Reise in die dunkle Vergangenheit Ghanas. Das portugiesische Fort von 1482 erinnert an das Schicksal der Sklaven, die hier auf ihren Abtransport warteten. Am schönen Elmina Beach kann man die Eindrücke verarbeiten.

GHANA

Hauptstadt: Accra
Sprache: Englisch, Akan, Ewe u. a. Sprachen
Einwohner: rund 30 Mio.
Währung: Cedi
Anreise: Direktflüge gehen von Lissabon, Brüssel und Amsterdam nach Accra. E-Visa (110 Euro, 60 Tage) beantragst du unter https://ghanaemberlin.de.
Mehr Infos: www.visitghana.com

		€€€
JAN	JUL	
FEB	AUG	
MÄR	SEP	€€
APR	OKT	
MAI	NOV	
JUN	DEZ	€

BESTE REISEZEIT **BUDGET SKALA**

Kletterpartie in den Baumkronen: Für den in Afrika einzigartigen Baumwipfelpfad im Kakum National Park solltest du schwindelfrei sein.

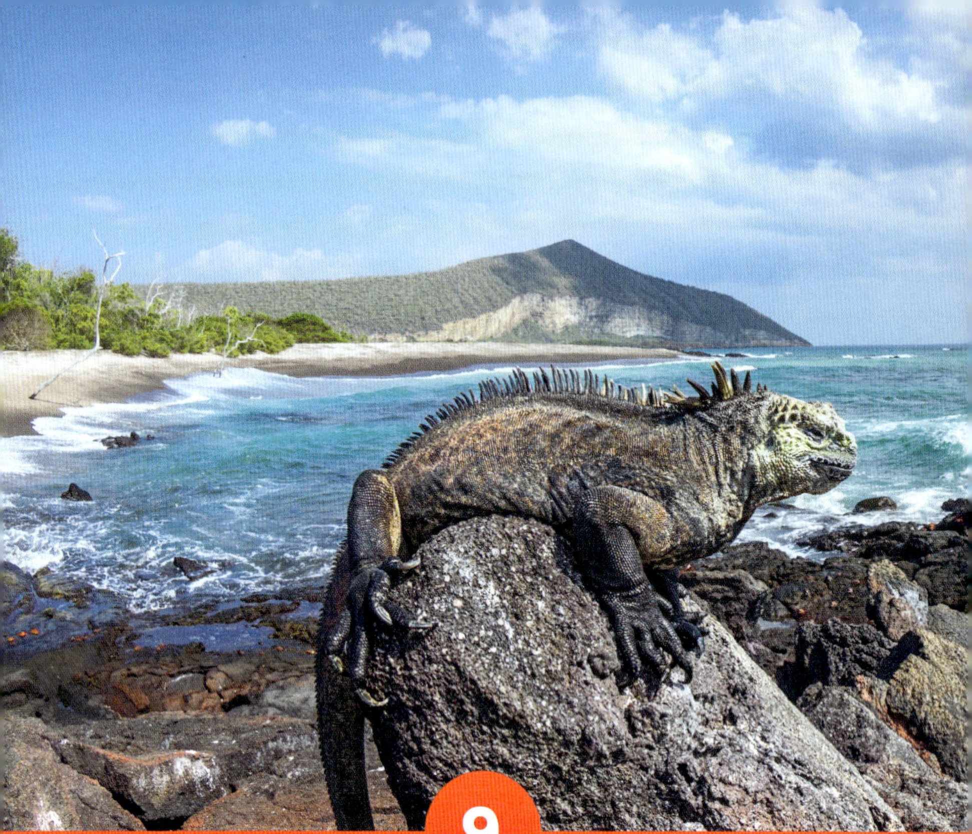

9

ECUADOR

Ecuador ist aus dem Schatten seiner
großen Nachbarn Kolumbien und Peru
gerückt. Zu Recht! Kein anderes Land auf
der Welt bietet auf einer solch kleinen
Fläche eine größere Artenvielfalt.

Erst in der Sonne chillen, dann wieder ins Wasser: Die Meerechse ist endemisch auf den Galápagosinseln. Es ist eine von vielen Arten, die es nur hier gibt.

Warum riesige Distanzen zurücklegen, wenn in Ecuador so viel Sehenswertes so dicht beieinander liegt? Das fängt schon bei den typischen Großlandschaften an: Costa, Sierra und Selva. Hier findest du die wilde Küste des Pazifiks, die majestätische Andenkette und dichten Amazonas-Regenwald. Exotisch ist für Europäer:innen auch der wunderbare Völkermix. Noch viel exotischer aber sind die Bewohner einer Inselgruppe 1000 km vor der ecuadorianischen Küste: Die Galápagosinseln sind derart isoliert, dass Pflanzen- und Tierarten überlebt haben, die offenkundig aus einer anderen Zeit stammen. Dieser Einzigartigkeit wird Rechnung getragen: Fast die gesamten Inseln stehen unter Naturschutz. Doch nicht nur die Natur ist besonders, auch kulturell hat das kleine Land am Äquator einiges zu bieten: In Ecuador wird seit Jahrtausenden Edelkakao und allerlei Süßes kultiviert. Und wusstest du, dass die in aller Welt begehrten Panamahüte von hier stammen? Neben Leckerem und Schickem wird auch Nützliches produziert, etwa Knöpfe aus den harten Nüssen einer Palme. Kleines Land, riesige Vielfalt!

to do

to see

1 Miss dich mit Humboldt!
Erklimme den Vulkan, an dem der Naturforscher Alexander von Humboldt 1802 scheiterte. Der Chimborazo ist trotz seiner Höhe von 6268 m auf seiner Normalroute vergleichsweise einfach zu besteigen. Erfahrung im Steigeisengehen und Höhenakklimatisation sind natürlich erforderlich.

2 Überquere den Äquator
Auf Kreuzfahrten wird ein Riesen-Tamtam gemacht, du feierst mit einem einzigen Schritt: Nördlich der Hauptstadt Quito verläuft die Mitte der Welt. Hier kannst du ganz einfach von der Nord- auf die Südhalbkugel hüpfen. Und wieder zurück.

3 Erliege der Versuchung
Vor 5300 Jahren begann die Mayo Chinchipe-Marañón-Kultur die Kakaobäume zu kultivieren, die auf ecuadorianischem Boden wuchsen. Heute sind Kakao und Schokolade eines der Wahrzeichen Ecuadors. Den leckersten Versuchungen erliegst du auf einer Tour auf der Ruta de Chocolate y Cacao.

4 Cuenca
Die wegen ihrer kulturellen Bedeutung auch „Athen Ecuadors" genannte Stadt zählt zum Unesco-Welterbe. Zu ihrem Charme tragen die malerische Kolonialarchitektur im historischen Zentrum bei, die vier Flüsse, die sie durchfließen, und die schöne Landschaft in der Umgebung.

5 Galápagosinseln
10 % aller Tier- und Pflanzenarten kommen in Ecuador vor, geschützt in elf Nationalparks. Auf den Galápagosinseln ist die Tierwelt so einzigartig, dass sie Charles Darwin zu seiner Theorie von der Entstehung der Arten inspirierte. Ein Schaukasten der Evolution.

6 Manta
Knöpfe kommen heute meist aus Fabriken. Nicht in Manta. In dieser Stadt am Pazifik kannst du Kunsthandwerkern dabei zuschauen, wie sie aus den Nüssen der Taguapalme Knöpfe herstellen. Dazu müssen sie die Nüsse aber erst mit der Axt oder Machete ernten!

• • • • ECUADOR • • • • • • • • • • • •

Hauptstadt: Quito
Sprache: Spanisch, Kichwa
Einwohner: 17,5 Mio.
Währung: US-Dollar (seit September 2000)
Anreise: Von vielen europäischen Großflughäfen über Bogotá oder Panama. Auf die Galápagosinseln täglich von Quito oder Guayaquil (je 2 Std.)
Mehr Infos: www.ecuador.travel

	€€€
JAN	JUL
FEB	AUG
MÄR	SEP
APR	OKT
MAI	NOV
JUN	DEZ

€€

€

BESTE REISEZEIT   **BUDGET SKALA**

Cuenca gehört wegen seiner Prachtbauten aus dem 18. und 19 Jh., darunter das Colegio Benigno Malo, zu den schönsten Städten Ecuadors.

10

KOH PHRA THONG

Die ursprüngliche Insel ist einer der letzten Geheimtipps Thailands. Nun gibt es eine regelmäßige Fährverbindung zum Festland, und 2024 feiert Koh Phra Thong sein Kinodebüt. Deshalb: hinfahren – und zwar jetzt.

20|24.

Mit dem traditionellen Holzboot in die Mangroven: Koh Prah Thong ist Teil des Nationalparks Mu Koh Ra – Koh Phra Thong und bietet Natur pur.

Koh Phra Thong wirkt ein bisschen wie aus der Zeit gefallen: verborgen hinter einem grünen Gürtel aus Mangroven, im Schatten der touristischen Schwergewichte Phuket und Khao Lak, mit kilometerlangen Stränden, auf denen die einzigen Fußabdrücke deine eigenen sind ... Klar, viel zu tun gibt es nicht, aber einiges zu sehen! Die Savanne im Inneren ist etwas ganz Besonderes, und will man der Legende glauben, die der Insel ihren Namen gab, haben Piraten hier einst einen goldenen Buddha (Phra Thong) vergraben – versteckt genug liegt der Ort jedenfalls. Seltene Orchideen, Schmetterlinge und Affen bevölkern die flache Insel, und vor der Küste dümpeln Dugong-Familien, denen es anderswo längst zu trubelig geworden ist. Balsam für die Seele also, und da es an den Stränden nicht mal rund um die Uhr Strom gibt, auch das perfekte Ziel, um das Smartphone aus zu lassen. Willkommen im Paradies!

Balsam für die Seele

to do

to see

1 Jenseits von Afrika
Wo sind die Giraffen und die Löwen, fragst du dich unwillkürlich bei einem Ausflug ins Inselinnere. Die savannenartige Landschaft inklusive verlassener Safaristation gibt es in Thailand kein zweites Mal. Bei einer Tagestour stehen außerdem eine Orchideenfarm und ein Seenomaden-Museum auf dem Programm.

2 Geheimnisvolle Inselwelten
Schnapp dir einen Schnorchel und besuche die bunten Korallen und Fische, die zwischen den beiden Inselchen vor dem Horizon Resort leben. **INSIDER TIPP** Auf der größeren Insel versteckt sich auf der Meeresseite eine Fledermaushöhle. Traust du dich hinein?

3 Schildkröten schützen
Die Organisation Naucrates kümmert sich seit 1998 jedes Jahr von Dezember bis März um den Schutz von Meeresschildkröten und deren Lebensraum. Du willst mitmachen? Bewirb dich als Volunteer! Alle Infos hierzu unter www.naucrates.org.

4 Mangroven
Mit einem geliehenen Kajak kannst du die Welt der Mangroven entdecken – der salzliebenden Pflanzen, die Teile des Ufers bewachsen. Bei Flut kommst du gut an die Strände, bei Ebbe siehst du mehr Fische. Doch Vorsicht vor den Strömungen: am besten nur bei auflaufendem Wasser lospaddeln.

5 Baan Thapayoi
Beim Besuch in diesem Inseldorf musst du unbedingt den kleinen Gemischtwarenladen besuchen: Hier findest du bestimmt irgendetwas, das du noch nie gesehen hast. Ausprobieren! Interessant ist auch ein Besuch in der kleinen Schildkröten-Aufzuchtstation.

6 Koh Ra
Bei einer Tour zur Nachbarinsel Koh Ra musst du erst einmal ein bisschen wandern, ehe du in einem kleinen Dorf mit den dortigen Bewohner:innen zusammen essen kannst. Anschließend chillen am Strand oder ein bisschen schnorcheln? Up to you.

KOH PHRA THONG ›

Land: Thailand
Sprache: Thai
Einwohner: 400
Währung: Baht
Anreise: Mit dem Flugzeug von Europa nach Phuket, von dort mit dem Bus zum Pier bei Kuraburi und um 10 oder 16 Uhr mit der Fähre hinüber nach Baan Thapayoi.
Mehr Infos: www.kohphrathong.com

€€€

JAN	JUL
FEB	AUG
MÄR	SEP
APR	OKT
MAI	NOV
JUN	DEZ

€€

€

BESTE REISEZEIT   **BUDGET SKALA**

Chillen am Strand oder ein bisschen schnorcheln? Up to you

Wild, romantisch und obendrein menschenleer: Auf Koh Phra Thong und der Nachbarinsel Koh Rah findest du Strände zum Verlieben.

Prof. Peter Wippermann

Peter Wippermann ist Trendforscher und gründete 1992 das Trendbüro. Von 1993 bis 2016 lehrte er als Professor für Kommunikationsdesign an der Folkwang Universität der Künste in Essen.

Persönliches Lieblingsziel: Kopenhagen

Prof. Harald Zeiss

Harald Zeiss ist Tourismus-Experte und seit 2011 Professor an der Hochschule Harz in Wernigerode. Seine Forschungsschwerpunkte sind Nachhaltigkeit und Internationaler Tourismus.

Persönliches Lieblingsziel: Naturpark Fichtelgebirge

Dr. Stephanie Mair-Huydts

Die Verlegerin leitet das Medienhaus MAIRDUMONT bereits in dritter Generation. In ihrer Freizeit reist sie leidenschaftlich gern mit ihrer Familie, etwa nach Asien oder in die Bretagne.

Persönliches Lieblingsziel: Scilly-Inseln

Anja Kirig

Anja Kirig arbeitet seit 2005 als Zukunfts- und Trendforscherin, u. a. freiberuflich für die Zukunftsinstitut GmbH Frankfurt/Wien. Ein Schwerpunkt ihrer Forschung liegt dabei auf der Tourismus- und Freizeitkultur.

Persönliches Lieblingsziel:
Darmstadt für die kurze Reise und die Vesterålen für längere Aufenthalte

Jens Bey

Jens Bey schreibt als MARCO POLO Autor u. a. über seine Heimatstadt Stuttgart. Unterwegs zu sein ist sein Credo, ob Asien, Amerika oder Australien – und dazu, wenn möglich, mit dem Camper.

Persönliches Lieblingsziel:
Chile

Jan Düker

Seit mehr als 20 Jahren betreut Jan Düker als Lektor Reisebuchprojekte – vom Bildband bis zur Backpacker-Bibel. Seine Herzensregion Südostasien durchstreift er auch regelmäßig als Autor.

Persönliches Lieblingsziel:
Laos

REGISTER

REGISTER

BILDNACHWEIS

Andrea Pfeifer: S. 185 Mitte
Christian Wyrwa: S. 184 Mitte
DuMont Bildarchiv, Ostfildern: S. 24 (Sabine Lubenow); 35 (Reinhard Schmid); 91 (Frank Heuer); 127 (Gerald Haenel); 55, 132 (Peter Hirth)
Huber Images, Garmisch-Partenkirchen: S. 14 (Andreas Vitting); 44 (Cornelia Dörr); 36 (Günter Gräfenhain); 71 (Jürgen Busse); 51, 135, Innenklappe hinten, groß (Reinhard Schmid)
Jan Düker: S. 185 u.
laif, Köln: S. 17, 18/19, 43 (Andreas Hub); 48 (Dietmar Denger); 142 (Fabian Weiss); 128/129 (Fabre/Le Figaro Magazine); 131 (Franck Guiziou/ hemis); 180/181 (Frank Heuer); 82/83 (Gerald Haenel); 2 (Gerald-Haenel); Umschlagklappe hinten (Gregor Engler); 5 re., 60, 63 (Gregor Lengler); 95 (GUIZIOU Franck /hemis); 139 (Thomas Rötting)
Lookphotos, München: S. 75 (Bethel Fath); 31 (Jan Greune); 20 (Andreas Strauß)
Mauritius Images, Mittenwald: S. 164 (Ben Spires/Alamy/Alamy Stock Photos); 176/177 (nature picture library/Tui De Roy); 167 (Shannon.hibberd/Stockimo/Alamy/Alamy Stock Photos); 159 (Shoults/Alamy/Alamy Stock Photos); 145 (Victor Turek/Alamy/Alamy Stock Photos); 59 (Blickwinkel/Alamy/Alamy Stock Photos); 72/73 (Christian Bäck); 52 (Kevin Prönnecke/imageBROKER); 78 (Merryn Thomas); 39 (Rupert Oberhäuser); 116 (William Barton/Alamy/Alamy Stock Photos)

Shutterstock.com, Amsterdam (NL): S. 4 re., 120, Innenklappe vorn, klein (Alexander Brenner); 111 (Alexandre Rotenberg); 188 (aliaksei kruhlenia); 80 (Andrew Roland); 67 (CUP23); 8/9 (Della_Liner); 172 (Dietmar Temps); 27 (DR pics); 104/105 (EmilEn4ev); 136 (ErreCh); 88/89 (Foto Matevz Lavric); 146/147 (frantic00); 179 (Giuseppe Flandoli); 47 (haraldmuc); 103 (Helena GARCIA HUERTAS); Innenklappe vorn, groß (i viewfinder); 32 (ilolab); 155 (JD Lee); 64/65 (Jiri Stoklaska); 10/11 (Jon Chica); 153 (Kallayanee Naloka); 84/85 (Karl Allen Lugmayer); 6/7 (Kochneva Tetyana); 160/161 (Ksenia Ragozina); 175 (Linda Hughes Photography); 148 (Nancy van den Ende); 4 li., 151, Umschlagklappe vorn (Nick Fox); 23 (NiglayNik); 122 (Oliverouge 3); 124/125 (orxy); 163 (Panpilas L); 3 (Pernelle Voyage); 5 li., 112, Innenklappe hinten, klein (PRESSLAB); 108 (R. de Bruijn_Photography); 183 (Rungsilp Sasitorn); 92 (rustamank); 171 (seankellypix); 168 (Sihi); 87 (Simo Sepp); 156 (streetflash); 99 (Taiga); 56 (trabantos); 107 (travellerkhan); 115 (Travelmaid); 100/101 (travelview); 28 (Umomos); 68 (uslatar); 119 (VanderWolf Images); 96 (Vitalii Matokha)
Schweiz Tourismus: S. 40/41 (Silvano Zeiter)
Trendbüro, Hamburg: S. 184 o.
Urs Bauer: S. 185 o.

Umschlagvorderseite: Plaza del Ayuntamiento in Valencia, Spanien (laif, Köln: Gunnar Knechtel)
Umschlagrückseite: Karersee, Südtirol, Italien (Shutterstock.com, Amsterdam (NL): Andrew Mayovskyy)

ALLE **MARCO POLO** REISEFÜHRER

FÜR IHRE NÄCHSTE REISE ...

WESTEUROPA BENELUX

Amsterdam
Brüssel
Cornwall & Devon
Dublin
Edinburgh
England
Flandern
Irland
Kanalinseln
London
Luxemburg
Niederlande
Niederländische Küste
Oxford
Schottland
Südengland

OSTEUROPA

Baltikum
Budapest
Danzig
Krakau
Masurische Seen
Moskau
Plattensee
Polen
Polnische Ostseeküste/ Danzig
Prag
Slowakei
St. Petersburg
Tallinn
Tschechien

Ungarn
Warschau

SÜDOSTEUROPA

Bulgarien
Bulgarische Schwarzmeer- küste
Kroatische Küste
Dalmatien
Kroatische Küste
Istrien/Kvarner
Montenegro
Rumänien
Slowenien

GRIECHENLAND TÜRKEI ZYPERN

Athen
Chalkidikí/ Thessaloníki
Griechenland Festland
Griechische Inseln/ Ägäis
Istanbul
Korfu
Kos
Kreta
Peloponnes
Rhodos
Sámos
Santorin
Türkei
Türkische Südküste

Türkische West- küste
Zákinthos/ Itháki/ Kefaloniá/ Léfkas
Zypern

NORDAMERIKA

Chicago und die Großen Seen
Florida
Hawai'i
Kalifornien
Kanada
Kanada Ost
Kanada West
Las Vegas
Los Angeles
New York
San Francisco
USA
USA Ost
USA Südstaaten/ New Orleans
USA Südwest
USA West
Washington D.C.

MITTEL- UND SÜDAMERIKA

Argentinien
Brasilien
Chile
Costa Rica
Dominikanische Republik
Jamaika

Karibik/ Große Antillen
Karibik/ Kleine Antillen
Kuba
Mexiko
Peru & Bolivien
Yucatán

AFRIKA UND VORDERER ORIENT

Ägypten
Djerba/ Südtunesien
Dubai
Iran
Israel
Jordanien
Kapstadt/ Wine Lands/ Garden Route
Kapverdische Inseln
Kenia
Marokko
Marrakesch
Namibia
Oman
Rotes Meer & Sinai
Südafrika
Tansania/ Sansibar
Tunesien
Vereinigte Arabische Emirate

ASIEN

Bali/Lombok/ Gilis
Bangkok
China
Hongkong/ Macau
Indien
Indien/ Der Süden
Japan
Kambodscha
Ko Samui/ Ko Phangan
Krabi/ Ko Phi Phi/ Ko Lanta/Ko Jum
Malaysia
Myanmar
Nepal
Peking
Philippinen
Phuket
Shanghai
Singapur
Sri Lanka
Thailand
Tokio
Vietnam

INDISCHER OZEAN UND PA- ZIFIK

Australien
Malediven
Mauritius
Neuseeland
Seychellen

IMPRESSUM

2. Auflage 2024
© MAIRDUMONT GmbH & Co. KG, Ostfildern
ISBN 978-3-8297-1971-1

Projektleitung und Konzept: Andrea Wurth
Autorinnen und Autoren: Annik Aicher, Jens Bey,
Andrea Bonder, Brigitte Bonder, Jörg Dauscher,
Jan Düker, Gabriele Kalmbach, Markus Kuhnhenne,
Martin Petrich, Nicoletta De Rossi, Meik Unterkötter,
Susanne Völler, Jessika Zollickhofer
Gestaltung und Karten: Eggers + Diaper, Potsdam
Produktion: Bintang Buchservice GmbH, Berlin,
www.bintang-berlin.de
Lektorat, Satz, Bildredaktion: Sabine Bösz, Jan Düker

Lob oder Kritik? Wir freuen uns auf deine Nachricht!
Trotz gründlicher Recherche schleichen sich manchmal Fehler ein. Wir hoffen, du hast Verständnis, dass
der Verlag dafür keine Haftung übernehmen kann.

Printed in Italy